乾隆餘姚志 4

紹興大典 史部

中華書局

餘姚志卷三十四

知餘姚縣事唐若瀛修

寓賢傳

梅福　盛憲　高岱以上漢　賀循　謝安　謝敷以上晉　杜京產　孔祐以上六朝　程迥　王僎　陸宦　張永以上宋　戴良元　滑壽　項昕以上明

漢

梅福字子真，九江人，為南昌尉，棄歸，數因縣道上言變事，劾外戚王氏及王莽專政。棄妻子而去，人有見於

會稽者變名姓爲吳市門卒福女爲嚴光妻四明山中有其遺跡嘗爲四明山記紹興府志

盛憲字孝章會稽人器量雅偉舉孝廉補尚書郎遷吳郡太守去官居餘姚憲與孔融善融言於朝徵爲都尉詔命未至爲孫權所害三國志註

高岱字孔文吳郡人隱餘姚所友八人皆英偉孫策聞其善左傳欲與論講或曰高岱以將軍無文學若與論而云不知則某言符矣又謂岱曰將軍惡勝已者每問當言不知岱如言策果怒囚之人皆露坐爲請策登樓望見惡而殺之三國志註

晉

賀循字彦先山陰人東晉初建朝廷疑滯皆諮之循依經禮而對爲當世儒宗官至中書令加散騎常侍卒贈司空謚曰穆嘉泰會稽志

謝安字安石相晉孝武卒贈太傅謚文靖初安寓居會稽高臥東山與王羲之及高陽許詢桑門支遁遊處出則漁弋山水入則言咏屬文諸人言安石不出如蒼生何其後雖受朝寄東山之志始末不渝每形於言色嘉泰會稽志

謝敷字慶緒會稽人也性澄靖寡欲入太平山十餘年

鎭君郄愔名爲主簿臺徵博士皆不就初月犯少微
少微一名處士星占者以隱士當之譙國戴逵有美
才人或憂之俄而敷死故會稽人士以嘲吳人云吳
中高士求死不得晉書

案嘉泰會稽志謝敷隱居在餘姚之太平山舊志
闕載今補入

六朝

杜京產字景齊錢塘人閉意榮當專修黃老劉瓛曰杜
生當今臺尚也徵爲奉朝請不至於日門山聚徒教
授建武初徵員外散騎侍郎京產曰莊生持釣豈爲

白璧所回辭疾不就卒嘉泰會稽志

孔祐至行通神隱四明山嘗見山中有錢數百斛視與瓦石不異采樵者競取入手即成沙礫有鹿中箭投祐祐養其瘡愈然後去太守王僧虔曰孔祐行動幽祇德標松桂引爲主簿遂不可屈此古之遺德也嘉泰會稽志

宋

程迥字可久寧陵人靖康之亂徙紹興之餘姚孤貧漂泊無以自振二十餘始知讀書時西北士大夫多在錢塘迥得以考德問業焉登隆興元年進士所著有

易傳外傳春秋傳顯微例目論語傳孟子章句文史評經史說諸論辨卒官朝奉郎浙江通志

王俁字碩夫宛邱人政和二年進士歷監察御史建炎初扈蹕南渡遂家餘姚召拜右司員外郎紹興初命左右條具改正崇觀以來濫恩請失職者爲飛語上聞免官秦檜專國俁家居一十八年檜死起知明州歷工部尚書尋乞身歸浙江通志

陸宧字居安山陰人徙居餘姚一室蕭然十九年几席琴書皆未嘗易好學律考關雎鹿鳴諸詩諧聲鍾呂欲上書不果卒紹興府志

張永其先洛陽人扈高宗南渡家餘姚以翰林醫學給
事宮府宮中有疾太醫李會通治弗效永視其方無
所更定但改劑爲散服之遂愈詔賞會通會通歸功
於永同授駐泊郎官至尚書著衛生家寶小兒方傳
世子孫世其業以駐泊爲名紹興府志

元

戴艮字叔能浦江人從學黃溍柳貫元末爲儒學提舉
後往來四明居餘姚之秦湖自題其像曰混榮辱於
一致齊出處而莫二歌黍離麥秀之篇吸剩水殘山
之句明興詔侍食中書省旋卒紹興府志

明

滑壽字伯仁先世襄城人徙儀真後又徙餘姚幼警敏好學能詩京口王居中名醫也客儀真壽從之學授以素問難經壽卒業乃請益曰素問詳矣獨書多錯簡愚將分藏象經度等爲十二類抄而讀之難經又本素問靈樞其間榮衞藏府與夫經絡腧穴辨之博矣而缺誤或多愚將本其義旨注而讀之何如居中躍然曰甚矣子之善學也速爲之壽晨夕研究又參會張仲景劉守真李明之三家既學鍼法於東平高洞陽盡得其術嘗言人身六脈雖皆有繫屬惟督任

二經則苞乎腹背而有專穴諸經滿而溢者此則受之宜與十二經並論乃取內經骨空諸論及靈樞篇所述經脉著十四經發揮三卷通考隧穴六百四十有七他如讀傷寒論抄診家樞要痔瘻篇及採諸書本艸爲醫韻皆有功於世故所至人爭迎致以得其一言定死生爲無憾晚自號攖寧生江南北浙東西無不知攖寧生者年七十餘容色如童孺行步蹻捷飲酒無算既歿天台朱右摭其治疾神效者數十事爲之作傳故其所著述益有稱於後明史本傳

項昕字彥章自永嘉來徙幼好方數外大父杜曉村世

業醫受其書讀之稍長學易趙穆仲葉見山後以母病醫誤投藥死痛之乃厲志醫術聞越大儒韓明善名往拜之得所藏方論甚富後詣陳白雲受五診奇眩歷試其說皆精良會金華朱彥修來越出金源劉河間張戴人李東垣諸書示之昕獨疑古方不宜治今病之論亟往錢塘見陸簡靜始悟古今方同一矩度也又往浙右見葛可久論劉張之學往建業見戴仝父撰五運六氣撰要若干篇授之太醫院使張廷玉善橋引案杌甚奇昕亦事之盡其技於是為人治診病決死生無不立驗諸貴人辟為椽吏非所尚也

門人力請著書作脾胃後論補東垣之未備以喜辭

章善音律工繪畫而獨以醫顯紹興府志

按滑壽項昕舊志入方技考其本傳俱由他邑遷

姚今改入寓賢

餘姚志卷三十五

經籍

知餘姚縣事唐若瀛修

經部

易

周易注九卷吳虞翻仲翔注

三國志注翻奏上易注曰臣聞六經之始莫大陰陽是以伏羲仰天縣象而建八卦觀變動六爻爲六十四以通神明以類萬物臣高祖父故零陵太守光少治孟氏易曾祖父故平輿令成纘述其業至臣祖父鳳爲之最密臣先考故日南太守歆受本於鳳最有舊書世傳其業至臣五世前人通講多玩章句雖有秘說於經疏闊臣生遇世亂長於軍旅習經於枹鼓之閒講論於戎馬之上蒙先師之說依經立注又臣

郡史陳桃夢臣與道士相遇放髮被鹿裘布易六爻撓其三以飲臣臣乞盡吞之道士言易道在天三爻足矣豈臣受命應當知經所覽諸家解不離流俗義有不當實輒悉改定以就其正孔子曰乾元用九而天下治聖人南面蓋取諸離斯誠天子所宜協陰陽致麟鳳之道矣謹正書副上惟不罪戾翻又奏曰經之大者莫過於易自漢初以來海內英才其讀易者解之率少至孝靈之際潁川荀諝號爲知易臣得其注有愈俗儒至所說西南得朋東北喪朋顛倒反逆了不可知孔子嘆易曰知變化之道者其知神之所爲乎以美大衍四象之作而上爲章首尤可怪笑又南郡太守馬融名有俊才其所解釋復不及諝孔子曰可與共學未可與適道豈不其然若乃北海鄭元南陽宋忠雖各立注忠小差元而皆未得其門難以示世

案虞氏易注經典釋文作十卷與隋志異李鼎祚易傳多引其說近時元和惠氏棟推崇其易注遠

紹孟喜之傳在鄭康成易注之上旣裒集其注之散見羣籍者而復爲正義以疏明之蓋虞氏之學歷數千年而始大行於世云

沙隨易章句十卷外編一卷占法一卷古易考一卷宋程迥可久撰

胡一桂曰康節百源易實古易也沙隨本諸此而篇第與二呂氏合只以文言在繫辭之前爲不同耳吳澄曰沙隨先生經業精深朱子多取其說於朱子爲丈人行故朱子以師禮事之

案程迥本睢陽人靖康之亂徙居餘姚浙江通志承其書入經籍志今從其例如王俁滑壽項昕等數人以寓賢定居餘姚者撰述仍著於錄

讀易管見五卷繫辭舉易一卷宋孫嶸叟仁則撰

胡一桂曰讀易管見先列圖書先後天等圖及說仍逐卦爻解說不著經文末有繫辭舉易咸淳丙寅嶸叟倅新安刊於郡齋

古易集傳十二卷宋楊子祥吉甫撰

周易總玩宋葉仲凱見山撰

案仲凱易說趙氏學範嘗舉以教學者今失傳

易學提綱四卷周易圖釋十二卷明趙謙撝謙撰

鄭曉曰撝謙謂文王之彖周公之爻孔子之翼皆從伏羲六畫流出四聖異易後儒之曲說也

周易說四卷明王傑撰

案傑字世傑以字行文成之曾祖也

觀易闕疑十二卷明毛吉宗吉撰

易說明胡鐸時振撰

易說明倪宗正撰

翁大立曰孫忠烈未第時以易學擁臯比先生年十七執經門牆忠烈曰繼吾傳者子也後與蔡虛齋謝支湖有三先生易說傳世

易圖說一卷明余誠中之著

易經心說明諸燮子相著

周易辨疑明張岳汝宗著

大易玉匙六卷明葉憲祖美度著

周易會宗二卷明谷家杰拙矦著

案家杰萬歷中諸生粹於經學隱居教授成易說數種會宗二卷近於舉業門弟子梓行之韓敬鄭光昌爲之序中多見道之言周易折中採用之

大易近言四卷明蘇萬傑伯邁著

易學象數論六卷　國朝黃宗羲著

汪瑞齡曰易之有象數易之所以成易也自漢以降異說紛紜自謂有得於象數之精微究於易何與焉梨州夫子通天地人以爲學慨象數之失其正而爲異說所汩也辨其倚附於易似是而非者析其離合爲內篇三卷論其顯背於易而自以爲易者抉其底蘊爲外篇三卷

周易象辭十九卷周易尋門餘論二卷圖學辨惑一卷

國朝黃宗炎晦木著

睦嘉淑曰晦木尋門餘論直欲與洛閩大儒質辨於千載之上其釋離之九三曰人至日昃任達之士託情物外以自爲觀化之樂故鼓缶而歌若其不然憂生嗟老戚戚終身者皆囿道也君子不然任重道遠死而後已衛武公九十猶戒豈敢蹈此愆德斯言也有功後學之言也晦木以乾坤爲易之門恐不得其門而入故探索以尋之

易原三卷　國朝姜垚汝皐撰

案易原有宋儁序稱其舉六十四卦皆返之於心爲治心之學

太極通書釋明張岕汝宗撰

河圖說明鄭伯乾伯健撰

太極圖說辨一卷　國朝黃宗炎晦木撰

宗炎自序曰夫子之言太極尊以明易也茂叔之言太極圖中之造化也

書

尚書釋問一卷晉虞喜仲寧著

案隋書經籍志作虞氏尚書釋問一卷不著其名今從夾漈鄭氏通志定作虞喜

尚書說意明錢應揚著

案應揚字儁民長於說經歸安茅坤師事之白華樓集所謂錢後峯先生也

尚書說明孫繼有姚岑撰

案繼有書說今書經彙纂中採用之

書經見解明姜鏡承明撰

書經筆授三卷　國朝黃宗羲太冲撰

案宗羲謂荀子引道經以証其性惡之旨非出於虞廷之授受太原閻若璩稱爲經神再見又謂古文雜取諸子語有醇疵學者當分別觀之固持平之論也其辨受終文祖尤能貫通禮訓焉

禹貢詳節一卷明姜逢元仲訒撰

案逢元節蔡氏傳引諸家說以補之呂章成爲序

禹貢補註　國朝呂法祖式先撰

詩

毛詩畧晉虞喜仲寧釋

詩傳名物類考元楊燧元度著

毛詩瑣言一卷　國朝黃宗裔道傳撰

毛詩訂韻五卷　國朝謝起龍天愚撰

春秋

春秋傳二十卷春秋傳顯微例目一卷宋程迥撰

朱子曰沙隨解滕子來朝謂此見春秋時小國事大國其朝聘貢賦之多寡隨其爵之崇卑滕以子禮見魯庶得貢賦省少此說卻是

春秋說五卷明王傑著

春秋全意明翁大立撰

古春秋傳六卷明孫如法著

春秋日食歷一卷　國朝黃宗羲撰

全祖望曰據三統歷以上推春秋日食辨衛朴所言之謬

春秋彙編　國朝陸日焜著

左傳統箋二十五卷　國朝姜希轍二濱著

案統箋兼采杜氏林氏之註刻於康熙中

春秋外傳國語注二十一卷吳虞翻著

案虞氏國語注今附見韋昭

禮

周官駁難三卷孫琦問干寶駁虞喜撰

周禮考正六卷明王傑著

周禮正義　國朝樓鎮叔重撰

周禮存疑一卷　國朝邵坡兼山撰

魯曾煜曰方正學有周官辨疑四篇論東金媒氏之非時人引伸其說謂皆出於漢人所竄入兼山博引周漢諸書以辨正之

右周禮

飲射圖解一卷明聞人銓撰

案原書有銓自序刻於嘉靖十五年

右儀禮

戴記存疑明陳塏山甫著

案經義考誤作鄞縣人浙江經籍志別出載記存疑於子部前後互見

禮經大義明王華德輝撰

禮記心說明徐克純撰

禮記約言明李安世著

禮記要旨十六卷明聞人德潤越望撰

呂本序曰余友聞人越望氏舉進士列銜翰林居禁近遭讒外補越望於學無所不窺尤邃於三禮越望沒而所著禮記要旨爲四方學者繕寫傳誦吳子昆泉懼其久而訛也乃命工以廣其傳

戒書補一卷明趙謙著

案遜志齋集亦有戒書補數則明儒學案謂撝謙

與方希直友善蓋互相勸勉而相約爲之也

中庸問政章說一冊明景星德輝著

大學古本旁釋一卷明王守仁撰

守仁自序曰大學之要誠意而已矣誠意之功格物而已矣誠意之極止至善而已矣止至善之則致知而已矣正心復其體也修身著其用也以言乎已謂之明德以言乎人謂之親民以言乎天地之閒則備矣是故至善也者心之本體也動而後有不善而本體之知未嘗不知也意者其動也物者其事也致其本體之知而動無不善然非卽其事而格之則亦無以致其知故致知者誠意之本也格物者致知之實也物格則知致意誠而有以復其本體是之謂止至善聖人懼人之求之于外也而反覆其辭舊本析而聖人之意亡矣是故不務於誠意而徒以格物者謂之支不事於格物而徒以誠意者謂之虛不本于致知而徒以格物誠意者謂之妄支與虛與妄其于至善也遠矣合之以敬而益綴補之以傳而益離吾懼

學者之日遠於至善也去分章而復舊本傍爲之什以引其義庶幾復見聖人之心而求之者有其要噫乃若致知則存乎心悟致知焉盡矣

大學問一卷王守仁撰

錢德洪曰吾師接初學之士必舉學庸首章以指示聖學使知入門之路征思田將發先授大學問德洪受而讀之

鄒守益曰先師恐大學之失其傳也既述古本以息羣疑復爲問答以闡古本之藴學者虛心求之溯濂洛以達孔孟其爲同爲異必有能辨之者

大學注解正宗一卷明胡時化撰

大學絜矩解明鄭伯乾伯健撰

大學古本注中庸注明葉鳴文敘撰

深衣考一卷 國朝黄宗羲撰

案此書辨諸儒深衣之異論末附黄氏喪制考

右戴禮

樂

度量權三器圖義一卷宋程迥著

律呂新義二卷 國朝黄宗羲撰

全祖望曰公少時嘗取餘杭竹管肉好停匀者斷之爲十二律與四清聲試之因廣其說

正鐘狀稿 國朝童俊亦倩撰

孝經

孝經注吳虞翻撰

案唐元宗孝經序云韋昭王肅先儒之領袖虞翻
劉卲抑又次焉今虞注多散見元宗注中
孝經注晉虞喜撰
孝經大義一卷明王守仁撰
注解孝經一卷明胡時化撰
孝經列傳七卷明胡時化撰
論語
論語注十卷吳虞翻著
論語讚九卷漢鄭元注晉虞喜讚
案唐書藝文志作十卷七録又有新書對張論十

卷

論語說宋孫應時季和撰

案燭湖孫氏經說多散見於黃氏日抄其論語說則困學紀聞引之

論語傳二十卷宋程迥撰

孟子

孟子章句七卷宋程迥著

孟子師說一册　國朝黃宗羲著

宗羲自序先師子劉子于大學有統義于中庸有慎獨義于論語有學案皆微言所寄獨孟子無成書羲讀劉子遺書粗識宗旨竊取其意成孟子師說一卷以補所未備

經解

四書集說啟蒙十二卷明景星著

星自序曰星幼承父命嗣儒業而苦無常師年十六始從黃先生學先生曰汝欲爲學必先讀四書以爲之本而後他經可讀矣星于是晝誦夜思不敢少惰居四年得初通大義後受春秋經于勾乘楊先生一時師友切偲問辨資益爲多益知四書奥義不可不窮矣不揣庸愚于佔畢之暇彙集諸說分經别注妄加去取十年之內掇拾成編目之曰四書集說啟蒙

案通志堂經解止刻學庸啟蒙

四書便覽十四卷明夏艮輔著

四書緘八卷明黃尊素眞長撰

四書别解一卷　國朝姜垚汝皐撰

四書偶融三十卷　國朝邵向榮東葵著

四書質疑五卷　國朝陳梓著

四書總話　國朝張則載輯

右四書

五經論問宋虞愿士恭著

經傳考疑八卷宋岑全全之著

經說五卷宋胡沂周伯著

五經臆說四十六卷明王守仁著

守仁自序曰得魚而忘筌醪盡而糟粕棄之魚醪之未得而曰是筌與糟粕也魚與醪終不可得矣五經聖人之學具焉然自其已聞者而言之其于道也亦筌與糟粕耳竊嘗怪夫世之儒者求魚于筌而謂糟

粕之爲膠也夫謂糟粕之爲膠猶近也糟粕之中而膠存求魚於筌則筌與魚遠矣龍場居南夷萬山中書卷不可攜日坐石穴默記舊所讀書而錄之意有所得輒爲之訓什期有七月而五經之旨畧遍名之曰臆說蓋不必盡合于先賢聊寫其胸臆之見而因以娛情養性焉耳則吾之爲是固又忘魚而釣寄興於麯與筌非誠旨于味者矣嗚呼觀吾之說而不得其心以爲是筌與糟粕也從而求魚與膠焉則失之矣說凡四十六卷經各十而禮之說尚多缺僅六卷云

五經一貫明葉鳴文敍撰

說經千慮愚得三卷 國朝黃百家主一撰

冬餘經說十二卷 國朝邵向榮著

王仕源曰先生篤志窮經辨制度于漢唐探義理於濂洛沉潛反覆舉所心得者以爲教使聞者油然感渙然釋慄然于聖賢之訓切于身而不可離非世之尚意氣爭同異者所可比也

右羣經

小學

啟蒙故事八卷明陳叔剛撰

學範六卷明趙謙撰

鄭眞曰趙先生撝謙著學範六篇首之以教人之法次以讀經點書作文學字之法凡文房藝學事物器用莫不有其說焉此知行體用之學用心其勤矣昔我四明鄉先生畏齋程公著讀書分年日程學範實與日程相表裏以分年法則之有事焉勿忘焉當爲名世大儒其于經濟天下直舉而錯之耳

童蒙集句一卷明趙謙著

呂氏千文一卷明呂章成裁之撰

戴易曰仁和卓人月嘗改斷周興嗣千文紀崇正初元之改裁之復從而改之則一朝之事備焉

讀史提綱　國朝樓鎮叔重撰

右蒙書

六書本義十二卷字學源流一卷六書指南六卷明趙
謙著

撝謙自序曰六書何爲而作也惟皇昇羲繼天立極將以開物成務載道傳世而作也葢至朴未散六書之理已悉具于冲漠無朕之中粤自元氣肇分天浮地降日月著明星宿縣象雲雨變化山川流峙與夫人物草木鳥獸之紛然賁若者莫非自然之書天不能畫于是滎河出圖假手皇羲而六書之文與時則有若朱陵倸剛從而廣之而六書之字備六書既備則結繩之政代而人文昭天地之理載而萬民察六書之時用大矣哉洋洋分虞夏商周之世其道大明而司徒之職設保氏之敎立及嬴政㬎興燒毀文籍李斯乘時改作遂用其私程邈王次仲苟趨省易分隸遂行于是其道始微漢著其法太史試學童諷書

九千字以上乃得爲史吏民上書字或不正輒舉劾之至宣帝乃命諸儒修蒼頡法光武時馬援上疏論文字譌謬和帝命賈逵修理舊文于是許慎博采稽考訪之于逵著爲說文後世宗之魏晉及唐能書者輩出但攻乎點畫波折逞其姿媚而文字破碎然猶賴六經之篆未易至天寶間詔以隸法寫六經于是其道盡廢其有作興之者如李忱之字林李陽冰之刊定徐鉉之集註徐鍇之繫傳王安石之字說張有之復古編鄭漁仲之六書畧戴侗之六書故楊桓之六書統倪鏜之六書類釋許謙之假借論周伯琦之正譌之類雖日有功于世然猶凡例不立六義未確終莫能明其以指事爲象形會意爲指事既非矣至有以轉注爲假借會意爲轉注則失之甚者也嗚呼正書之不顯俗書害之也俗書之相仍六義之不明也古則自早歲即嘗研精覃思折衷諸家之說附以已見撰集六書之義正其以母統子以子該母子復能母婦復孕孫生生相續各有次第分爲十類以象天地生成之數著爲十二篇以象一年十二月部凡三百六十以當一朞之日目該萬有餘數以當萬物之數其相重亦俗變省譌通之類不能悉計而亦不

之詁者又以見世道無窮之變焉凡五膳始克成編而名之曰六書本義詹乎士之爲學必先窮理窮理必本乎讀書讀書非識字義之所載所該以俟心悟神入豁然貫通則於上達乎何有此古聖賢之設教貴乎博文也古則不敏何足以知之然區區一得之愚不敢不取正于有道考古君子尙恕其僭而取其心焉

六書會通　國朝黃宗炎晦木著

全祖望曰先生雅好奇然其論小學謂揚雄但識奇字不識常字不知常字乃奇字所自出乃嘆其奇而不詭於法也

右文字

四聲韻宋程迥著

聲音文字通一百卷正韻七十二卷正轉音畧一卷明

趙謙著

案明史藝文志及黃氏千頃堂書目作一百卷焦氏經籍志作十二卷而采集遺書目作三十二卷且云失第九至第十二四卷蓋見聞互異耳

說文解字韻譜二卷明陳鉅撰

古篆韻補二卷明呂引基撰

右音韻

史部

正史

史記注二十八卷吳虞翻仲翔撰

晉書二十六卷晉虞預撰

案唐書藝文志作五十八卷劉知幾嘗譏其缺於北事然十八家晉書要爲唐人所取資不容偏廢也

宋書補遺三卷　國朝黄宗羲撰

全祖望曰公欲修宋史而未就僅存叢日補遺

霸史

廣戰國策十七卷明孫如法世行撰

雜史

淳熙雜志宋程迥撰

宋朝錄四卷 國朝黄宗羲撰

東南紀事十二卷西南紀事十二卷 國朝邵廷采撰

編年

通鑑撮要十卷宋莫叔光仲謙著

通鑑集要三十八卷明諸燮子相著

案此書爲坊閒所刻託名於諸燮

通鑑綱目續編考正明呂本撰

通鑑編年六十卷明余誠著

運歷

歷代譜系讚辨畧二十六卷明趙謙著

歷代甲子考一卷　國朝黄宗羲撰

紀録

帝王世紀音四卷隋虞綽撰

歷代帝王纂要譜括二卷宋孫應符撰

陳振孫曰此書蓋絡運圖之詳者也

國朝文獻明翁大立孫參撰

史論

史説五卷宋胡沂周伯撰

南宫續史斷明趙謙著

宋史闡幽二卷元史闡幽二卷明許浩撰

采集遺書錄浩取二史所載可爲法誡者著論若干篇使讀史者有以辨別是非分別疑似同邑謝遷爲之序

案明史藝文志作三卷許浩誤作許誥采集遺書錄作各一卷

涉史謬論明鄭伯乾著

史鈔内編外編諸史辨論　國朝樓鎮撰

故事

經筵東宮故事四卷宋胡沂著

汰存錄一卷　國朝黄宗羲撰

思舊錄二卷　國朝黄宗羲撰

職官

館閣類錄二十二卷明呂本汝立撰

棨澹生堂書目又有纂修記注二卷

太常志明陳贇修

隆萬兩朝列卿記二卷明黃尊素眞長撰

尊素自序曰江右雷司空綜核國朝列卿而記之前有年表後有行實司空未嘗雌黃其間然後人見其名而莫辨生平巍然居于高位不問而知爲鄙夫矣隆萬以來原書闕載余因檄南北部院寺司巡撫題名碑彙輯之國家元黃之戰未有甚于兩朝者也公卿之位所以待天下之賢者而天下往往不顧廉恥以殉公卿雲烟過眼紙上之好醜不能磨滅亦可懔然而思矣

食貨

鼎錄一卷陳虞荔山披著

坡公食飲錄二卷明孫鑛文融著

差替全書八卷明楊士英撰

卯洞集四卷明徐珊汝佩撰

采集遺書錄卯洞錄辰州府珊時守辰州以構廟材採木督役至其地搆忠敬堂居之凡二年而役竣採木事宜悉著於篇其記敘詩說俱隱然有民勞之義焉

案珊官辰州同知采集遺書錄誤作知府

儀注

大唐書儀十卷唐虞世南等纂

君臣謚議一卷唐虞世南伯施撰

傳記

會稽典錄二十四卷晉虞預撰

案會稽典錄明初尚有完書今失傳

諸虞傳十二篇晉虞預撰

虞氏家記四卷虞賢撰

謝文正公年譜一卷明倪宗正本端撰

忠烈編九卷明孫堪志健編

採集遺書錄忠烈死宸濠之難凡朝廷卹典及諸家紀詠其功者其子堪等錄而存之

陽明先生年譜三卷明錢德洪撰

陽明先生世德紀三卷

沈莊敏年譜一卷明沈景初輯

子劉子行狀 國朝黃宗羲撰

萬斯選曰述劉子之學者多異同惟行狀能得其要旨

姚江文獻二十四冊 國朝邵宏仁輯

翁氏孝行錄 國朝翁雲啟錡輯

地理

會稽記虞愿撰

山川遊記二卷宋楊子祥撰

百國傳一卷明錢古訓撰

胡時麟曰古訓偕李思聰出使述其見聞語多覈實

南畿志六十四卷明聞人詮撰

山海關地形圖一冊明聞人詮撰

采集遺書錄舊制御史巡關繪山川險阨各圖以進詮時巡視山海等關加釐訂焉

順天府志六卷明沈應文撰

東山志十九卷明謝敏行企之撰

案此書記上虞東山之勝末附謝文正父子墓誌傳文

蘭陵遊覽志四卷明張廷宰撰

洪洞志八卷　國朝鄧琳席之撰

今水經一卷　國朝黃宗羲撰

宗羲自序曰水經之作禹貢之遺意也酈善長注可謂有功是書矣以越水證之以曹娥江爲浦陽江以姚江爲大江奇分苕水出山陰具區在餘姚皆錯誤之大者乃不襲前作條貫諸水名之曰今水經

四明山志九卷　國朝黄宗羲撰

宗羲自序曰余家四明山在北面七十峯之下所謂翠竭也顧入山中之路有三自横溪而入踰高地嶺則爲白水山自三溪口而入踰清賢嶺亦白水也自藍溪三峯而入經大小皎上大蘭山則爲杖錫度黄官勃鳩二嶺則爲雪竇蓋少者五十里多者亦不過八十里窮日之力皆可至而吾鄉之人聞談四明之泉石未嘗不如嵩華之不相及也況于來遊者雲烟過眼曾能得其彷彿乎余往來山中嘗有詩云二百八十峯峯峯有屐痕因以足之所歷與記傳文集相勘每牴牾失實歲壬午作四明山志癸丑重爲改竄始得成書

案四明山志據丹山圖咏分四面各七十峯然圖

咏多舛漏如東洞天不載太白一帶北洞天不載沃洲一帶皆未及補正餘姚覽樅山谷家尖皆屬於四明亦不爲載入至詩括文括僅舉大槩蓋草創未成之書也

四明山古蹟記五卷　國朝黄宗羲撰

采集遺書錄即四明山志稿本互有詳畧因兩存之

台宕紀遊　國朝黄宗羲撰

匡廬遊錄二卷　國朝黄宗羲撰

四明遊錄　國朝黄宗會撰

宗會自跋曰壬午冬遊四明伯兄著四明山志命余錄是遊之樂第詳於山光水色雪牀霜瘦落月枯顏

寒嵐折骨以自寄
其沉酣潦倒爾

北遊紀方　國朝黃百家撰

東山志十卷　國朝謝起龍撰

桑調元書後志中分一十七門有鄉彥而無寓賢予惟東山以晉謝文靖公棲遲於此得名是山以寓賢著也明謝太傅少宰父子引退林皋時輯亭臺池隝之勝攜賓從觴雅會四方遊履響臻同邑之達官隱君騷人墨客相與觴詠為歡者率多名輩明丁未運高人遊地至此其詞賦嘗散見於志中夫至自四方者以此為蘭亭梓澤之遊桃源栗里之避即同邑如蘭風開原孝義諸鄉步屧過從雖不等于遠地之寓公然吾所志者東山則凡非東山之土著不謂之寓公不可也則志寓賢也宜凡地志體例類載藝文此志末卷登詩篇而文則不錄志詩篇之小序曰嘉泰志之末未復綴輯古詩文一卷不忍佳文之委棄云云然則嘉泰志固並輯古詩文矣且志藝文非獨處佳文之委棄也古蹟之無考者往往藉遺文證何以當

文獻之徵故趙歐陽搜羅金石文字雖斷銘殘篆莫不椎拓而綜錄之古賢率爾題名志日月於荒崖絕澗中採之亦知人論世之一證斯以知文之宜錄苟爲古之所留餘悉宜一一攟拾并冊論其佳與不佳也如嘿開志沿革非撮舉諸碑記何以悉其顛末紀

國朝雍正甲辰年七月十九日丑寅二時海溢溯海溢前代中葉時徵諸馮憲副蘭詩有壬申秋七月十九日將晡之句前後月日時悉巧合此足以覘造化盈虛消息之機憲副之詩足當詩史此志從而攟拾之上備史宬之採擇下爲百世後考古者徵信之藉洵精且覈矣夫文之攟拾亦猶是也少宰搆東巖別墅臚其景二十有八稽舊志之所載覈諸石刻彼此異名志中兩存之吾則謂辨舊志之譌賴此東巖一片石耳天下有手闢別墅劖其佳名于石壁而所書有舛誤者乎惜乎其漫漶不能盡識也夫流連烟月吟弄景光其異同之名本無關輕重然由是推之家

國天下之故其或取證於斷銘殘篆荒崖絕澗之鐫題者豈少哉施武子志會稽有識者謂其太簡鎮東軍牆隍記顧徵君寧人於臥龍山西岡得之志不載張淏續志亦不載東山命名辨中謂施公嘉泰志假

手於人記載未備乃此志録詩而遺文毋亦簡而未備也乎且留心摭拾豈惟在碑碣哉吾遠祖御帶公封號事跡記諸舊志者殊畧家乘無可取證嘗詣西湖桑九郡王祠拜伏畢仰瞻栗主則御帶公兄弟九人封號具存獨行三行九兩公止書郡王出視牆坳有一碑陷牆中摸剔可辨碑立於萬歷三年戊寅海昌進士刑部四川司員外郎沈友儒撰文未系神絃曲二章碑記多與家譜合惟封號只書御帶公并不經封號備書之八公僅書諱而已又概言宋封王爵而顯應等封號賴栗主存之則家譜之所取證焉者也試於東山摭拾遺文若栗主之類若祠堂墓道坊表鐘鼎楣梁旌幢龕壁橋埠烽燉等題識撰記俱博收之以資證辨庶足爲完書也已明朱伯賢右卒葬蘭風鄉其遺跡或在牟鶚桃嶨老塞諸山未可知夫窮搜鄉先生遺跡以著之固作者之責也爰書其後而歸之

姚江書院徵畧　國朝俞長民輯

姚江書院志畧二卷　國朝邵廷采輯

廷采自序曰采承先人付託之重圖取書院往蹟勒成一書久而未能已已冬偕同人請无休董隱君爲諸先生立傳隱君曰書院之立所重惟學諸先生之學余聞之夙矣抑其制行之卓語言之妙子其哀次以佐余討論所未悉采因于笥中出大父魯公先生所手輯義學緣起院規讀益教言稽古數十則并吾之俞先生學要徵畧呈隱君隱君乃即舊本所載合之劉子全書洎于譜志及諸門人之稱述諸先生者博采而愼收之凡匝月中成大傳六小傳十七復爲之紀并修次諸先生所著序言紀事等篇爲上下二卷總名之曰

書院志畧

子部

儒家

楊子太元經注十四卷吳虞翻仲翔注

案虞氏太元注司馬光集注引之

志林新書三十卷晉虞喜撰

案志林在宋初尚存太平御覽多引其說

太元補贊宋程迥撰

諸論辨一卷宋程迥撰

玉泉講學一卷宋程迥撰

家範一卷宋楊子祥撰

陳振孫曰沙隨記喻楊子才語

性理論說元孫自强伯誠撰

永樂紹典府志自強博極羣書研精理訓撰著自成一家官至教授

造化經綸圖一卷明趙謙著

王惠曰造化經綸圖張前賢未發之機啟後學既迷之徑

傳維麟曰謙以圖授王惠曰觀此以明其理寡欲以養其心調息以善其氣讀書以驗其誠聖賢之域不難到矣易與中庸皆聖門傳道極致之言而謙之圖又所以發二書之秘

朱子晚年定論一卷明王守仁撰

守仁自序曰洙泗之傳至孟子而息千五百餘年濂溪明道始復追尋其緒自後辨析日詳然亦日就支離決裂旋復湮晦吾嘗深求其故大抵皆世儒之多言有以亂之守仁蚤歲業舉溺志辭章之習既乃稍知從事正學而苦於衆說之紛撓疲爾茫無可入因求諸老釋欣然有會於心以爲聖人之學在此矣然於孔子之教間相出入而措之日用往往闕漏無歸依違往返且信且疑其後謫官龍場居夷處困動心忍性之餘恍若有悟體驗探求再更寒暑證諸六經四子沛然若決江河而放之海也然後嘆聖人之道坦如大路而世之儒者妄開竇徑蹈荊棘墮坑塹究其說反出二氏之下宜乎世之高明之士厭此而趨

彼也此豈二氏之罪哉問嘗以此語同志而聞者競相非議目以爲立異好奇雖每痛反深抑務自搜剔斑瑕而愈益精明的確洞然無復可疑獨於朱子之說有相牴牾恒疚於心切疑朱子之賢而豈其於此尚有未察及官留都復取朱子之書而檢求之然後知其晚歲固已大悟舊說之非痛悔極艾至以爲自誑誑人之罪不可勝贖世之所傳集注或問之類乃其中年未定之說自咎以爲舊本之誤思改正而未及而其諸語類之屬又其門人挾勝心以附已見固於朱子平日之說猶有大相繆戾者而世之學者局於見聞不過持循講習於此其於悟後之論概乎其未有聞則亦何怪乎予言之不信而朱子之心無以自暴於後世也乎予既自幸其說之不繆於朱子又喜朱子中年未定之說而不復知求其晚歲既悟之論競相呶以亂正學不自知其已入於異端輒采錄而裒集之私以示夫同志庶幾無疑於吾說而聖學之明可冀矣

陽明傳習錄四卷徐愛錢德洪輯

徐愛序曰先生於大學格物諸說悉以舊本爲正蓋先儒所謂誤本者此也愛始聞而駭既而疑已而殫精竭思參互錯綜以質於先生然後知先生之說若水之寒若火之熱斷斷乎百世以俟聖人而不惑者也先生明睿天授然和樂坦易不事邊幅人見其少時豪邁不羈又嘗泛濫於詞章出入二氏之學驟聞是說皆目以爲立異好奇漫不省究不知先生居夷三載處困養靜精一之功固已超入聖域粹然大中至正之歸矣愛朝夕炙門下但見先生之道即之若易而仰之愈高見之若麤而探之愈精就之若近而造之愈益無窮十餘年來竟未能窺其藩籬世之君子或與先生僅交一面或猶未聞其謦欬或先懷忽易憤激之心而遽欲於立談之間傳聞臆斷懸度如之何其可得也從遊之士聞先生之教往往得一而遺二見其牝牡驪黃而棄其所謂千里者故愛備錄平日所聞私示同志相與考而正之庶無負先生之教云

陽明則言二卷

劉宗周曰先生承絶學於詞章訓詁之後反求諸心而得其性之覺曰良知因示人以求知之方曰致良知良知爲知知知不囿於聞見致良知爲行行不滯於方隅即知即行即心即物救學者支離馳騖之病孔孟以來無若此之深切著明也特其急於明道往往將向上一機輕於指點啟後學躐等之弊天假之年盡融其高明䟦絶之見而底於實地則範圍朱陸而進退之矣

緒山語錄一卷明錢德洪撰

陸世儀曰姚江弟子吾必以緒山爲巨擘其序傳習錄曰吾師以致知之旨開示來學學者躬修默悟不敢以知解承而惟以實體得今師亡未及三紀而格言微旨日以淪晦豈非吾黨身踐之不力而多言有以病之耶此蓋爲龍溪而發而救正王學末流之功甚大緒山嘗曰雖以天泉之會壓於龍溪然不負陽明者緒山也終背陽明之教者龍溪也

東閣私鈔明黃文煥撰

黄宗羲曰文煥開州教諭王文成命嗣子
正億從之受經著東閣私鈔記文成語

四聖糟粕十卷明孫燧撰

典學說約明胡鐸時振著

傳維麟曰時人多厭棄傳注鐸爲說以辨之曰傳注
所以翼經儀禮之喪服非子夏之傳禮乎十翼非孔
子之傳易乎漢儒傳經明制度辨名物功亦博矣使
當時無此後世何所取證耶老莊之教尚虛無滅禮
法楊墨申韓皆其流也秦用其教而焚書
晉用其教而基亂今奈何復蹈斯弊哉

性善解明張岳著

信心錄明盧望著

明儒學案六十二卷　國朝黄宗羲撰

湯斌曰學案如導山導水脈絡分
明儒林之巨海吾黨之斗杓也

待訪錄一卷 國朝黃宗羲撰

顧絳曰讀待訪錄知百王之敝可起而三代之盛可復也

歴朝儒行錄姚江學統 國朝樓鎮撰

王劉異同五卷 國朝黃百家撰

采集遺書錄首述王劉立說之異繼證王劉之同末採擇兩家文集中語皆以類次之

體獨私鈔四卷黃百家撰

采集遺書錄發明劉氏慎獨宗旨曰闡章曰明句曰證人曰證言凡四門

冬餘劄記八卷 國朝邵向榮撰

餘山遺書十卷 國朝勞史麟書撰

沈廷芳序畧曰勞餘山夫子倡道海濵貫通大易所言三極大中之道若爐敘家珍確數有據一本諸横

圓二
圖
彖調元序畧曰吾師餘山先生研精於易深契四聖人淵旨於天地人物之理辨其所從生推其所終極洞若觀火所著遺書與同門友沈廷芳編成十卷
甄陶集四卷　國朝錢怡肅輯
法家
韓非子節抄二卷明孫鑛撰
兵家
陽明武編四卷明聞人詮編輯
靖海編八卷明錢人楷汝爲撰
軍權二卷陣紀二卷明何良臣撰

案臣又有利器圖考制勝便宜未刻

雜家

善諫二卷宋虞通之撰

農家

野菜譜明滑浩撰

小說家

妒記二卷宋虞通之撰

復齋日記二卷明許浩著

支湖雜説明胡鐸著

寶櫝經明滑惟善撰

天文

安天論六卷晉虞喜撰

晉書天文志虞喜兼覽讖緯著安天論以難渾蓋謂天高窮於無窮地厚測於不測天確乎在上有常安之形地魄焉在下有居靜之體常相覆冒方則俱方圓則俱圓無方圓不同之義也其光曜布列各自運行猶江海之有潮汐萬品之有行藏也其說與姚信昕天論並行

案唐書藝文志作一卷

歷算

易律歷一卷吳虞翻仲翔撰

王洪撰曰納甲之說京氏易傳魏氏叅同契皆有之而虞氏之說較備

周易日月變例六卷虞翻等撰

大統歷法辨四卷時憲歷法解二卷新推交食法一卷圜解一卷割圜八線解一卷授時歷法假如一卷西學歷法假如一卷回回歷法假如一卷　國朝黄宗羲撰

姜希轍序畧曰律歷一家三代以來儒者鮮有不通其說至宋而失其傳閒有究心者往往私爲獨得名之絶學故儒者多不知歷三統則統法統母月法見日法日法見月日法皆錯誤四分則三紀蔀首相亂無有能正之者矣余友黄梨州先生精於性命之學裁量諸儒宗旨徵其堂奥嘗入萬山之中茇舍獨處古松流水布算簌簌其發歷學之書十餘種開以示余余取其假如刻之

勾股矩測解原二卷　國朝黄百家撰

采集遺書錄考矩度直影橫影以明指測之原幷附各圖

中西歷考一卷　國朝邵昂霄子晸撰

五行

驛馬四位法一卷　隋虞綽撰

醫家

醫經正本書一卷宋程迥撰

本草單芳三十五卷宋王俁撰

苗氏備急活人方元苗仲通著

素問抄十二卷難經本義二卷十四經絡發揮二卷診家樞要一卷明滑壽伯仁著

案黃氏千頃堂書目又有滑氏脈訣一卷浙江通

志又有醫學蠢子書五卷

醫學引彀一卷攖寧生補瀉心要一卷明滑壽撰

案浙江通志又有本草發揮四卷

讀傷寒論抄痔瘻篇明滑壽著

脾胃後論明項昕彥章著

案醫藏目錄又有竹齋小稿

難素箋釋八卷本草蒞二卷明黃淵著

本草權度明王濟之著

醫說妙方十卷明張琳刪定

案琳本姓史此書取太醫院舊本裁定

痘疹論要二卷　國朝徐自俊方麓著

技術

法書目錄二卷上法書表一卷齊虞龢撰

投壺變一卷晉虞潭撰

案舊志又有投壺經一卷

筆體論一卷唐虞世南撰

書畫跋跋六卷明孫鑛撰

案此書刻於乾隆中任蘭枝杭世駿爲之序

奕選一卷明岑乾撰

不寘堂帖一册明譚宗公子撰

案田守一嗜譚宗書法爲刻於石邵廷采爲之序

類書

長洲玉鏡二百四十八卷隋虞綽等撰

案唐書藝文志作二百三十八卷

北堂書鈔一百七十三卷唐虞世南撰

晁公武曰世南仕隋爲秘書鈔經史百家之事以備用分八十部八百一類北堂者省之後堂世南鈔書之所也

案宋史藝文志作一百六十卷

兔園策十卷唐虞世南撰

晁公武曰世南奉王命纂古今事爲入門皆偶儷之語至五代時行於民間村塾以授學童故有遺下兔

圖策之詣

羣書理要五十卷唐虞世南等編

讀書雜錄二十卷明王華撰

翰苑瓊琚十二卷明孫鑛撰

姓滙　國朝邵宏仁輯

道藏

老子注二卷吳虞翻撰

周易參同契注吳虞翻撰

金真淸規一卷陸道和編集

釋藏

圓修要義一卷普容著

伯崖語錄

愚谷語錄

集部

別集

吳虞翻集三卷錄一卷

晉虞喜集十一卷

晉虞預集十卷錄一卷

梁虞羲集九卷

鍾嶸曰子陽奇句清
拔謝朓常嗟誦之

梁虞炎集七卷

梁虞通之集二十卷

唐虞世南集三十卷

燭湖集十卷宋孫應時季和著

王應麟曰孫燭湖讀通鑑詩簿書流汗走君房那得狂奴故意降努力諸公了臺閣不煩魚鴈下桐江又曰清濁無心陳仲弓圓機聊救漢諸公末流不料兒孫誤千古黄初佐命功朱文公謂二絕甚佳

案燭湖集今尚存於永樂大典中並附見其父介兄應求應符詩

南齋小集十卷宋程迥撰

陳振孫曰迥及與前輩名公交遊多所見聞故其論頗有源流根據

王司業集三十卷宋王遂撰

周必大曰公志氣強學問博其文章贍而不失之泛嚴而不失之拘議論馳騁於數百載之上而救及利害於四方萬里之遥其爲歌詩慷慨憂時而比興存焉他文宏辨該貫直欲措諸事業所謂援古證今黼黻其詞特餘事耳

平菴集四十卷宋趙彦悈元道著

陸元輔曰元道爲慈湖入室弟子讀其已易後序宛然慈湖宗旨也

詞垣草四卷宋胡沂撰

孫常州摘稿宋孫嘉著

戴表元題詞孫常州天資篤雅瀟灑人也晚歲歸四明山中即園池之適易軒馬之榮用篇翰之勤寄簪書之能而尤好哦白樂天詩意至輒效其體爲之得之不勞而辭全機縱坐客往往服其敏而慕其達也

余以連姻往來屢與其集每見琴樽杖履之間詩篇酒把酒倦詩止名談勢語終夕不及私歎一時風流畧與樂天何異亦由承平士大夫氣習薰摩沾灌之所致而今豈復易得斯人哉

見山集八卷宋葉仲凱撰

黃溍序曰始予聞餘姚人亟稱見山先生然莫得其所以稱也他日過歷山之陽乃識先生又得先生所爲詩嗚呼茲其所以爲先生與先生葉氏初名某宋咸淳甲戌禮部正奏名于時枋國者方務隔截後進肇舉毫髮之異抉擿無少貸先生竟不得奉大對罷遣而歸其明年枋臣南遷又明年而三宮北上矣先生既倀倀無所售其技重山密林窮居而獨游餘四十年凡古今事會人物至於卉木魚蟲之細目觸而心接壹發於詩故老往往不忍讀後生聞之漫不省爲何等語宜其莫知所以稱先生也

秘錄集十二卷宋岑全全之著

魯山集四十卷宋陳開先覺民著

菊磵集十二卷宋高翥撰

王士正江湖集摘何高菊磵詩云半夜雨聲急一溪流水深桐花快落春風老梅子微酸晚雨晴老淚怕從衣袂見閒情但有帽簷知題小姬扇云湘湘未識羞獨坐抱箜篌貪學耆婆舞擡身拜部頭春懷云江南春盡尚春寒添盡征衣獨掩關日暮酒醒聞謝豹所思多在水雲間臨平云征驅一似白鷗輕起揭舳蓬看晚晴梅子着花霜壓岸自披風帽過臨平田父辭云啄黍黃雞沒骨肥繞籬綠橘綴霜垂新釀酒旋裁衣正是婚男嫁女時

信天巢遺藁宋高翥撰

緊遺藁朱彝尊爲之序後附高鵬飛高選高遜翁詩

半村集十卷宋厲元吉著

越問一卷宋孫因著

山輝集十卷元鄭彝元秉著

黄宗羲曰元末東南多名士彝皆與之上下工畫蘭竹春草人爭購之岑安卿云坐對滎陽老豈懷正始音宋元僑云落筆十年身後在懷人三絶眼中無其爲作家所許如此

栲栳山人集四卷元岑安卿静能著

王圻曰岑公有志節人敬憚之

顧嗣立曰岑氏昆季多以科名顯者静能獨淪落不偶其簡王子英詩曰平生耕稼心愧此老病軀又云老成嬔苟得童稚羞無官又會貧敬菴詩云我窮不出門頗覺天地窄何其坎壈之甚也兵火之餘典籍散佚而今日尚知有静能者豈非顯晦亦各有數耶

案永樂遺書録及邑人張廷枚編刻皆作三卷

西園集十二卷元楊燧元度著

案西園集今失傳惟澹游集尚藏其詩文

野舟集四卷元徐良杞著

庸菴集三十卷庸菴後稿十卷明宋僖无逸著

朱彝尊曰无逸有盛名詩見於選本絶少余購得其集句如欲雪未雪巽葉聽似暮非暮風花寒隔河雞犬春聲急繞屋田園豆葉肥九歲兒郎能負米半生客路未歸田當時未覺青山好此日重來白髮多臘月雨連元日市故鄉人作客居人借人几榻開漁舍送客壺觴出酒家秉燭山林連夜宿思家道路幾人歸驚心世事三年後照眼梅花二月初且復殺雞留宿客未須采藥入青山咨中書寄仙人鶴月下詩成佛寺鐘廳雪已消三尺盡春潮初過一舟行試看墨木打[illegible][illegible][illegible]諵朱門留雪歸十日看山坐西閣一春多雨[illegible][illegible][illegible]甚客不來成好夢大兵已過定豐年蔣山[illegible][illegible]入[illegible]在東閣看花客再來勝地江山兵後見

高天風雨客邊鬪青春誰解看花去白髮真成秉燭游身到名山頭已白眼明秋日葉初紅惜春幾度行花徑載酒先期過草堂落筆十年身後在懷人三絕眼中無梅梁水涸魚龍遠麥隴沙乾鴈鶩稀人日晝陰開晚照老年寒極愛春風艱難人事都非舊貧賤交情倍覺真黃葉又經秋夜雨青鞵曾踏歲寒冰鹵山臘雪新年在東瀛春潮昨夜來樹繞石頭知客路巖迴谷口見人烟鐘聲曾聽孤舟夜詩卷今題落葉時二月江郵三日雪百花時序半春陰對法流轉頗饒自然之趣其寄景濂學士詩云修史與末役之才媿羣賢強述外國傳荒陳僅成篇則自高麗傳以下悉无遜手筆覽元史者所當知也

考古餘事明趙謙著

案舊志又有南游紀錄集五卷近日張生廷枚刻

考古遺集六卷續集一卷

雲航集八卷明張一民天民著

貴竹稿鳳臺稿東屯稿南遊稿明楊彝撰

朱彝尊曰楊君傳詩不多頗饒跌宕之致

案同時有兩楊彝一爲杭人字彥常一爲姚人字宗彝選明詩者或至相混

菊東集八卷明黃珏玉合撰

錦囊清事集二卷明岑宗鸎著

過翁集十二卷明宋棠思賢著

好奇生集二卷明岑黼著

矮菴集明李昌貫用光著

一齋存稿明楊縈時秀撰

黃宗羲曰工部初舉會試舟
中取唐音和之能得其風致

餘菴稿五卷明邵宏譽德昭著

和順英華錄五卷明李應吉維正著

恐齋集集韻詩明李應吉維正著

陳吏部集明陳叔剛著

竹軒稿八卷明王倫著

案舊志作竹齋稿考倫字天敘號竹軒爲文成之
祖今改正

愛竹稿八卷明楊軾同著

雪崖集十八卷明岑璇公璐著

野航集十卷明周熙著

炙轂集十卷明岑拱辰著

穀齋集明陳叔紹著

黄虞稷曰叔紹名振以字行

蒙齋集五十卷明陳贄維成著

案成化杭州府志寓賢載贄有自娛稿客臺稿薇垣稿撫安稿歸田稿和黄嗣杲西湖百咏册邊日抄又西湖志云贄與西湖百咏程敏政及周藩玉雲樓子爲序今邑人張廷枚重編

師硯集皇華集銀臺寓稿明陳嘉猷世用著

雪湖集明馮蘭佩之著

黄宗羲曰佩之在京師與李西涯謝木齋三人雅相好木齋歸田與佩之唱和無虚日閒書之以寄西涯西涯亦一一和之有云惟應雨小覆長得夢中遊又云羨君江海上猶有舊同遊是時西涯爲一代宗工而於佩之則敬爲老友也

雪海詠史樂府四卷明馮蘭著

蘭室遺稿四卷明胡恭著

謝文正公集四十卷明謝遷于喬撰

朱希周曰公出處之際光明磊落卓然有大過人者詩文正大溫厚不事雕琢

木翁歸田稿十卷明謝遷著

案采集遺書錄作八卷

湖山唱和詩二卷明謝遷馮蘭唱和

朱彝尊曰謝木齋以宰輔歸田與佩之締姻日以詩札酬報適淵劉應徵知餘姚縣事爲刊湖山唱和詩二卷集中句可采者勗如嘉客不來虛掃榻好山難致郎移家路當樹滇雲深處舟及潮隨月上時野色遙連晴樹杪秋聲忽動暮鴉群樓臺月上寒雲盡郊巷泥乾宿雨餘扶老最便方竹杖入秋御愛早禾田馮如鏡裏流年從老去山中舊業得生還遠林返照明村落斷岸分流入海門絕頂夜晴先見日中峯春暖易生雲雨疎籬落菊開晚水涸湖田雁下遲秋晚菜畦依水種日斜郊墟過鄰舂雲中僧住茅茨屋雨後人耕斥鹵田沙淨雨苔無屐齒竹深秋墅有碁聲雷霆忽作三更雨江海疑生六月冰醫火雜家無樂事江湖此夜有離人城市已無隣跡到江湖合有畫圖傳其詩頗難優劣洵同調也

龍山稿十三卷垣南草堂稿十五卷明王華德輝著

學海集南峯稿明汪澤公溥著

訾齋集二十卷明魏瀚著

吳舫集明陸相良弼著

靜菴遺稿五卷明陳謨禹聞著

詩文啟劄六卷奏議四卷案牘稿十卷郵刑錄二卷明

孫燧德成著

濯清集二卷明馮清著

陽明文錄二十四卷文成公全書三十卷明王守仁著

鄒守益序曰錢子德洪刻先師文錄於姑蘇自述其裒次之意以純於講學明道者爲正錄曰明其志也以詩賦及酬應者爲外集曰盡其全也以奏疏及文移爲別錄曰究其施也於是先師之言粲然聚矣以守益與聞緒言之教也寓簡使序之守益拜手而言曰知言誠未易哉昔者孔夫子之在春秋也從遊者

三千速肖者七十矣而猶有莫我知之嘆嘆夫以言語求之而眩其真也夫子既沒門弟子欲以所事夫子者事有子夷考其取於有子亦曰甚矣其言之似夫子也則下學上達之功其著且察者鮮矣推尊之詞要亦足以及之賢於堯舜堯舜未易言也走獸之於麟飛鳥之於鳳雖勉而企之其道無繇不幾於絶德乎禮樂之等最爲近之然猶自闢見而求終不若秋陽江漢眞悟本體爲簡易而切實也蓋在聖門惟不遷怒不貳過之顏語之而不惰其次則忠恕之曾足以任重而道遠故再傳而以祖述憲章譬諸天地四時三傳而以仕止久速之時比諸大成比諸巧力究然江漢秋陽家法也秦漢以來專以訓詁雜以佛老修以詞章而皜皜肫肫之學淆雜偏陂而莫或救之逮於濂洛始粹然克續其傳論聖之可學則以一者無欲爲要答定性之功則以大公順應學天地聖人之常嗟乎是豈嘗試而懸斷之者乎其後剖析愈精考擬愈繁著述愈富而支離愈甚開有覺其非而欲挽焉則又未能盡追窠臼而洗濯之至我陽明先師慨然深探其統歷艱履險磨瑕去垢獨揭良知力極章述犯天下之謗而不自惜也有志之士稍稍如

夢而覺泝濂洛以達洙泗非先師之功乎以益之不類再見於虞再別於南昌三至於會稽窺先師之道愈簡易愈廣大愈切實愈高明望望然而莫知其所止也常時有稱先師者曰古之名世或以文章或以政事或以氣節或以勳烈而公克兼之獨除卻講學一節卽全人矣先師笑曰某願從事講學一節盡除卻四者亦無愧全人又有訾詘之者先師曰古之狂者嘐嘐聖人而行不揜世所謂敗闕也而聖門以列中行之次忠信廉潔刺之無可刺世所謂完全也而聖門以爲德之賊某願爲狂以進取不願爲愿以媚世嗚呼今之不知公者果疑其爲狂乎其知公者果能盡除四者而信其爲全人乎良知之明蒸民所同本自皜皜本自肫肫常寂常感常神常化常虛常直常大公常順應患在自私用智之欲所障始有所倚始有所倚不倚不倚本體呈露宣之爲文章措之爲政事犯顏敢諫爲氣節誅亂討賊爲勳烈是四者皆一之流行也學出於一則以言求心矣學出於二則以言求言矣守益力病於二之而未瘳也故反覆以質於吾黨吾黨欲求知言之要其惟自致其良知乎嘉靖丙申春三月

茅坤曰八大家而下予於本朝獨愛王文成公論學諸書及記學記尊經閣等文程朱所欲爲而不能者江西辭爵及撫田州等疏唐陸宣公宋李忠定公所不逮也即如浰頭桶岡軍功等疏調次兵情如指諸掌況其設伏出奇後先本末多合兵法人特疑其矜功而往往口訾之耳嗟乎公固百世殊絶人物區區文章之工與否所不暇論予特揭於此以見我本朝一代之人豪而後世之品文者當自有定議云

案陽明又有正集五卷外集九卷別録十卷居夷集三卷陽明寓廣遺稿二卷宋儀望輯陽明先生文粹十一卷王畿輯陽明文選八卷陳龍正輯陽明要書八卷逸事辨証二卷

肥遯齋稿留園集濟美集明謝丕著

黄宗羲曰汝湖詩如拂面曉風霜有力照人寒澗水無心試看吾輩誰如子笑數周庾幾見孫髯佳句也

小野集四卷豐富集四卷兀集四卷明倪宗正本端
著
案小野諸集康熙中裔孫繼宗重刻
慈山雜著一卷徐守誠誠之著
秋泉遺稿四卷明楊鑑著
支湖集二十卷明胡鐸著
孫陞日公撰著皆崇正學闢異端辭文清而後一人而已黃子蘗日文學似曾子固篤實似司馬溫公房無侍妾宅無樓臺似趙清獻
後峯存真稿六卷明錢應揚俊民撰
東溪類稿明于震孔安著

學鳴集二卷明楊祐著

横山集二卷明徐愛曰仁著

黄宗羲曰横山詩功力未深不落凡近

怡齋集一卷明楊珂汝鳴著

呂章成曰秘圖與文長竝爲當軸所徵而秘圖不就故名不出於越遺集散失武林門人范氏掇拾爲一卷今歸其後裔史章

雞鳴集明張懷德珍著

案舊志懷又有茹茶錄

西槎集明楊撫安世著

允菴詩集六卷明張逵懋登著

案明詩綜作義樂集

淺齋文集明魏有本伯深著

半山遺稿明黃嘉仁著

牢盆集一卷明嚴時泰著

案舊志時泰又有專城稿木山集

芝蘭集一卷明聞人銓邦正著

朱彝尊曰邦正著錄陽明之門在南都開雕舊唐書津津好古不易得也句如花落雨餘雨風吹寒食寒興致不淺

緒山集二十四卷明錢德洪洪甫著

受畝稿明陳塏山甫著

期齋集十六卷明呂本汝立著

孫孝子集二十卷明孫堪志健著

孫文恪公集二十卷明孫陞志高著

何良俊曰文恪以清謹持己以嚴正守官對客好談作律詩之法

松菊堂集二十四卷明孫鑨著

孫鋌曰文器才倜儻露發於詩多傲語

趨庭集十二卷明胡安仁夫著

釀醋集百拙子集明胡价著

青園錄明黃尙質醒泉著

姜對揚詩集四卷明姜子羔宗孝著

黃宗羲曰太僕幼侍王文成講席不與詩人爭一聯半句之工然俊爽之氣涌出行墨之間不可掩也

陳恭介公集十二卷明陳有年登之著

孫鑛曰公刻意古文辭即小劄無不經意嘗有志全史余謂其客自苦則曰第恐才謝左馬爾果勒成一家後世必有鍾期未至即覆醬瓿也然竟未克成

蒹葭小草明趙漘卿公雅著

陶望齡曰公雅與明州屠長卿隆吳人王百穀穉登上虞葛公旦曉爲唱和之友其詩如秋潭獨照野蕅孤芳清旨足尚也

工部集十六卷明葉逢春叔仁著

孫鑛曰叔仁讀書多取大畧每乘風神于文字外爲文意到即書藻繪隨筆跌蕩不羣

案舊志有起漕稿

思則堂前後稿明孫鉦著

瑞雲樓集明王承勛叔元著

胡應麟曰叔元爲伯安先生冢孫既身襲龍陽公封以列侯督樞莞董江防總理漕鎮每臨江而橫槊出塞而擁鞍分閫而運籌登壇而仗鉞以至留滯西第秉輿南樓坐嘯霜空輕裘雪夜興會所觸一發於詩歌渾洒性靈陶浣風骨固宜以鴻篇鉅製驚弇州之座也

今山文集一百卷明胡瀚川甫著

姚邑賦二卷明蔣勸能著

卷阿集二十二卷明胡時麟之累著

案：時麟分巡金滄道薙毒草以驅瘴癘因爲說以相曉諭滇人德之其述西南土司之害譬畫中機

宜可與士司傳參考

月峯居業四卷居業次編五卷玥孫鑛著

案朱彝尊詩話云月峯勤學過於士安慧業不如靈運觀其論詩有云韓昌黎於詩本無所解宋人目爲大家直是勢利他耳是何言與尸佼所云松柏之鼠不知堂密之有美樅也彝尊之譏月峯可謂至矣然所引詆毁昌黎數語乃出於王弇州卮言而非出於月峯彝尊選明詩綜多采取卮言奉爲圭臬而於其妄詆昌黎者移而屬之月峯此不足以病月峯而適以見彝尊議論之不公耳

弓鑄集明吳道光孚伯著

黃忠端集六卷明黃尊素著

倪元璐曰公之諫草欲使賈言失至陸語隳新故可以汗青竹而爲光倫黃鉉而不覆也

青錦園集七卷續集六卷白雲初稿續集二卷蜀遊草一卷明葉憲祖美度著

施邦曜曰公困於公車二十餘年縱觀墳典殫意撰述月峯孫公評點周秦漢魏之書必商之公始定及歷仕官好學不倦熊壇石稱其詩文合漢唐之長云

茁蘭堂集十卷明沈景初日倪撰

施忠介集明施邦曜爾韜著

朱彝尊曰恭愍從容自經書其案曰勉無半策匡時難唯有孤忠報國恩蓋初不以詩名而自饒方格

豔雪堂集明邵之詹思遠著

林時對曰先生挺身入舍志決江濤裹足四明魂銷瀑雨其歿也以詩稿殉葬今傳者皆其少作

吹萬齋集明李安世泰若著

桐竹廬詩文六卷明孫有聞子長撰

兀者蜩言二卷明張廷宰冢卿著

瀑雪集六卷明張廷賓客卿著

李鄴嗣曰友人爲余述妙高臺奇景夜盡起見天地湛然須臾赤日自大海湧出豁然當心暮迎望月亦如之道巖居此臺二十餘年日以妙心與山水相關而後見諸吟咏能爲乳峯氣色增靈助異高宇泰曰公昔以文章聲浙闈寻爲其教鄭時弟子今以道德之身爲飛瀑峭壁所映發者幾三十年殆詩與禪合爲一矣

南征雜咏明譚宗公子撰

呂章成曰曼方于世尠所可郎不可比蹤千里也是以浩浩焉行於國中如無有人焉者工詩古文善音律好山遊子夏之冠道暉之屐望而知爲曼方也

泊舟稿明朱之瑜楚嶼著

浴日樓集八卷明呂章成裁之著

顯絳曰裁之至性過人詩文皆肺腑閒語

後葦碧軒詩稿明翁逯祖石撰

黃宗羲曰先生詩於鋪陳終始非其長時以一聯半句奪人目色

鉢華菴集十卷明鄒以發得懋撰

呂章成曰得懋得魯以雄深幽放之才各得一幟使余有二陸龍躍之嘆

迷途集明邵以貫得魯撰
南雷文案十卷南雷文定十卷南雷文約四卷南雷詩歷四卷吾悔集四卷蜀山集四卷撰杖集四卷　國朝黄宗羲撰
全祖望曰公論文謂唐以前句短唐以後句長唐以前字華唐以後字質唐以前如高山深谷唐以後如平原曠野故自唐以後爲一變然而文之美惡不與焉其所變者詞而已其不可變者雖千古如一日也故公之文不名一家
曉山堂詩集四卷　國朝邵琳庴之撰
沐雅堂近體　國朝俞嶙仲阜撰
兩水亭餘稿二卷　國朝姜希轍二濵撰

竹香居殘稿　國朝管諧琴襄指著

二晦山棲集　國朝黃宗炎晦木撰

縮齋文集十卷　國朝黃宗會澤望著

雙桂堂詩草　國朝楊緘三著

芳樹齋集十二卷　國朝姜廷梧桐音著

鹿園詩集　國朝史在朋晉生著

毛奇齡曰鹿園七律高瞰天門俯視江海又如庾公踞床元龍入室傲岸充斥觀者震動

青雪樓集四卷　國朝胡燧匡叔著

嚴沆曰匡叔早受知於陳大樽詩文得其指授晚而刋落脂粉格老氣清於師門爲轉手

思復堂集十卷　國朝邵廷采允思撰

樂志堂詩集　國朝姜承烈武孫著

毛奇齡曰予弱冠與武孫先生爲文友其同時鬱然能以古今文爭長海内者累累也然必推先生爲祭酒

莪園五編　國朝邵宏堂升吉撰

留窮草一冊　國朝黄百藥棄疾著

黄山行腳草一卷　國朝黄正誼直方著

學箕稿一卷東希集一卷幸跌草一冊　國朝黄百家主一撰

棄采集遺書錄又有學箕初稿二稿三稿四稿

秋吟集秋吟續集寤歌堂遺集　國朝俞鼎石眉著

毛奇齡曰石眉詩拔地倚天要歸於大雅

西園吟草四卷　國朝邵基度著

冬餘文畧四卷詩畧四卷　國朝邵向榮著

艮菴剩草二卷　國朝邵坡撰

萊園集十卷　國朝邵宏仁撰

大觀樓詩集　國朝孫光㬎丹扶著

媿學草四卷　國朝邵晏殊原同著

青蓮草堂詩集　國朝朱衣客緯章撰

雲根樓詩草十卷　國朝鄒尙渭熊撰

醒齋彙編十二卷　國朝邵國麟在陬著

寧野堂詩草一卷希希集一卷餐秀集二卷　國朝黄

千人證孫撰

蓼野偶存稿　國朝翁運標晉公著

龍角草堂詩集半畝居詩四友軒詩　國朝徐世桓撰

杭世駿曰東野詩惟陳言之務去絕無浮辭僞體桎梏其天倪

四可齋燕遊詩三卷　國朝邵點撰

嘯園詩草賦草　國朝朱自倫修玉著

裔夫詩稿　國朝俞德昌子舒撰

亦吾廬集　國朝鄒希文亦范著

耕餘居士集　國朝鄭世元黛參撰

沈德潛曰耕餘詩不皆求新立異而胸次高朗卓犖可觀會稽詩人中畢此矯然者

散木齋詩文集二卷 國朝謝洲文若著

晶雪齋稿 國朝謝先春與梅撰

台遊草閩遊草 國朝謝渭非熊撰

雪船吟四卷 國朝謝秀嵐爾銘著

勾餘詩稿 國朝徐文燮靜揚著

津夫詩鈔二卷 國朝汪鑒惟一撰

桑調元曰同門友汪君津夫少豪邁隨父薄宦滇南宅憂萬里扶柩歸至漢江値風濤舟將覆號慟志與俱沉忽反風擱沙上世稱汪孝子歸里受業於餘山先生之門多才藝詩及萬首予摭其百之一俾觀者知其人之云

蘭湄幻墨四卷　國朝華彬著

甫集草　國朝翁雲溪鈞著

賢淑編胡宗汲妻莫氏著

孫夫人詩一卷孫陞妻楊文儷著

朱彝尊曰孫文恪初娶於韓後娶于楊諸子登進士榜者四人太保吏部尚書清簡公鑨文中禮部尚書鋌文御太僕卿鋐文兵部尚書鑛文融皆楊夫人教之示文融詩云何待三遷教傳經有父兄蓋謙辭也夫人精楷括斷決不爽相傳文融會試後錄其文呈母夫人笑曰淡墨雖書第一未免鵞筆似魚非文之絕品也

靜好集一卷姜廷梧妻祁德淵著

樊榭詩選聞人徽音著

西園集釋如阜物元著趙撝謙詮次

香山夢寐集釋宗林著

案宗林字大章宋氏子嘉靖中爲戒壇宗師

同凡集二卷釋正嵒豁堂著

表奏

胡獻簡奏議八卷臺評二卷宋胡沂撰

虞谷奏事六卷宋王俁撰

督撫江西奏議二卷總理河道奏議二卷審錄江西奏議五卷明翁大立撰

青瑣疏畧明張逵撰

西槎疏草二卷明龔輝實卿撰

全陝政要畧明龔輝實卿撰

趙端肅奏議九卷明趙錦著

陶望齡曰公論事之文直而不怒詳而有體和雅剴切善指畫情事讀之使人心開意消其劉更生陸贄之流亞歟

案此書分留臺疏稿一卷光祿疏稿一卷巡撫疏稿一卷工部疏稿一卷留都疏稿一卷內臺疏稿三卷劉太守肖華刻於萬歷辛卯末卷爲名用疏稿其子淳卿所續刻也

兩臺奏議十卷明部陛世忠著

沈莊敏奏議十二卷明沈應文徵甫撰

樂府

秋崖詞明呂章成撰

羣雅集　國朝樓儼敬思撰

案儼初撰詞鵠十卷後改爲羣雅集朱彝尊爲之序

情田詞三卷　國朝邵璸柯亭撰

竹浦稼翁詞一卷閨詞離怨一卷　國朝黃千人撰

總集

唐人絕句精華十卷明宋棠編次

元詩體要十四卷明宋緒公傳編選

名世文宗三十卷明胡時化輯

時化自序曰余承之合肥越五載未能優仕然不敢廢學因裒集戰國至宋之文爲之音釋以訓多士

案此書前有郭子章序後王錫爵重釐定爲序

古樂府類編四卷明胡瀚輯

今文選十二卷明孫鑛輯

排律辨體十卷明孫鑛輯

案此書分排律之體凡三十一刻於萬歷辛丑

太白樓集十卷明蔡鍊輯

續今文選明姜鎧仲海輯

唐律秋陽十卷明譚宗輯
宋文畧元文畧　國朝黄宗羲輯
明文海四百八十二卷　國朝黄宗羲輯
明文案二百卷　國朝黄宗羲輯
姚江逸詩十五卷　國朝黄宗羲輯
明文授讀六十二卷　國朝黄百家輯
閻若璩曰明文授讀不出於黄先生之手主一爲之
續姚江逸詩十二卷　國朝倪繼宗輯
姚江詩存十二卷　國朝張廷枚睢吉輯
文史

文章緒論一卷明宋元僖撰

詩學體要類編三卷明宋孟清撰

金石要例一卷　國朝黃宗羲撰

餘姚志　卷三五　終

餘姚志卷三十六

知餘姚縣事唐若瀛修

藝文上

詩

唐

贈虞十五司馬　杜甫

遠師虞秘監今喜識元孫形象丹青逼家聲器宇存淒涼連筆勢浩蕩問詞源爽氣金天豁清談玉露繁佇鳴南岳鳳欲化北溟鵬交態知浮俗儒流不異門過逢聯客位日夜倒芳尊沙岸風吹葉雲江月上軒百年嗟已

半四座敢辭喧書籍終相與青山隔故園

四明石窗　劉長卿

四明山絶奇自古說登陸蒼崖倚天立覆石如覆屋玲瓏開戶牖落落明四目箕星分南野有斗挂檐北日月居東西朝昏互出沒我來遊其間寄傲巾半幅白雲本無心悠然伴幽獨對此脫塵鞅頓忘榮與辱能笑天地寬偃風吹佩玉

送謝夷甫宰餘姚　耿緯

君去方爲宰干戈尙未銷邑中殘老少亂後少官僚廨宇經兵火公田沒海潮到時因變俗新譽滿餘姚

餘姚縣龍泉觀　　張　祜

四明山一面臺殿倚嵯峨中路見江遠上方行石多山晴花氣漫地暖鳥聲和徒潄葛仙井此生真奈何

送蕭鍊師　　孟　郊

閒於獨鶴心大於青松年逈出萬松表高棲四明巔千尋直裂峯百尺倒瀉泉絳雪爲我飯白雲爲吾田靜年不語俗靈蹤時步天

遊四明山劉樊二真人祠題山下孫氏居　　李　頻

久在僊壇下全家是地仙池塘來乳洞禾黍接芝田起

看青山足還傾白酒眠不知塵世事雙鬢逐流年

四明山九題詩　陸龜蒙

謝遺塵者有道之士也嘗隱於四明之南雷一旦訪余來語不及世務且曰吾得於玉泉生知子性誕逸樂神仙中書探海岳遺事以期方外之交雖銅牆鬼炊虎獄劍餌無不窺也吾語子山之奇者有峯最高四穴在峯上每天地澄霽望之如牖戶相傳謂之石窻即四明之目也山中有雲不絕者二十里民皆家雲之南北每相從謂之過雲有鹿亭有樊榭有潺湲洞木實有青櫺子味極甘而堅不可卒破有猿山家

謂之鞠侯其他在圖籍不足道也凡此佳處各爲我賦詩余因作九題題四十字謝省之曰玉泉生眞不誣矣好事者爲余傳之因呈龔美

石窗

石窗何處見萬仞倚晴虚積霧迷青瑣殘霞動綺疏山應列圓嶠宫便接方壺秖有三奔客時來教隱書

過雲

相訪一程雲雲深路僅分嘯臺隨日辨樵斧帶風聞曉著衣全濕寒衝酒不醺幾回歸思靜髣髴見蘇君

雲南

雲南更有溪丹礫盡無泥藥有巴賓賣枝多越鳥啼夜
清先月午秋近少嵐迷若得山顏住芝箬手自攜

雲北 旨

雲北是陽川人家洞壑連壇當星斗下樓授翠微邊一
半遙風雨三條古井烟金庭如有路應到左神天

鹿亭

鹿亭巖下坐時領白麛過草細眠應久泉香飲自多認
聲來月搗尋跡到烟蘿早晚吞金液騎將上絳河

樊榭

樊謝何年築人應白日飛至今山客說時駕玉麟歸乳

蒂懸松嫩芝臺出石徵憑闞虚日斷不見羽華衣

潺湲洞

石淺洞門深潺潺萬古音似吹雙羽管如奏落霞琴倒穴漂龍沫穿松濺鶴襟何人乘月弄應作上清吟

青𣚶子

山實號青𣚶環岡次第生外形堅綠殼中味敵瓊英墮石樵兒拾敲林宿鳥驚亦應仙吏守時取薦層城

鞠侯

何事鞠侯名先封在四明但爲連臂飲不作斷腸聲野蔓垂纓細寒泉佩玉清滿林遊宦子誰爲作君卿

和四明山詩　皮日休

石窻

窻開自真宰四繞見蒼厓苔染渾成綺雲漫便當紗櫺中空吐月扉際不扃霞未會通何處應連玉女家

過雲

粉洞二十里當中幽客行片時迷鹿跡寸步隔人聲以杖探虛翠將襟惹薄明經時未過得恐是入層城

雲南

雲南背一川無鴈到峯前墟里生紅藥人家發白泉兒童皆自古婚嫁盡如儒供作真君戶無由税石田

雲北

雲北晝冥冥空疑背壽星犬能諳藥氣人解寫芝形野歇遇松蓋醉書逢石屏樊香住此地應得入金庭

鹿亭

鹿羣多此住因過白雲栖待侶傍花久引麛穿竹遲經時飲玉澗盡日齅金芝之爲在石牕下成仙自不知

樊榭

主人成列仙故榭獨依然石洞聞人笑松聲驚鹿眠井香爲大藥鶴語是虛篇欲買從栖隱雲封不受錢

潺湲洞

水流萬丈源盡日瀉潺湲敲碎一輪月鎔消半段天響
高吹谷動勢忽歘雲旋料得深秋夜臨流盡古仙

青橘子

山風熟異果應是供眞仙味似雲腴美形如玉腦圓銜
來多野鶴落處半靈泉必共桃源種花開不記年

鞠侯

堪羨鞠侯國碧巖千萬重煙蘿爲印綬雲壑是提封衆
遺狙公渡果教獼子供爾徒如不死應得躡元宗

四明山石窗詩　庾肩吾

半夜尋幽上四明手攀松桂觸雲行相呼已到無人境

何處玉簫吹一聲
梨洲老人命余宿杳然高頂浮雲平下視不知幾千仞
欲曉不曉天雞鳴

嚴陵祠　洪子輿

漢主名子陵歸宿洛陽殿客星今安在隱迹猶可見水
石空潺湲松篁尚葱蒨岸深翠陰合川迴白雲徧幽徑
滋蕪没荒祠羃霜霰垂釣想遺芳掇蘋羞野薦高風激
終古語理忘榮賤方驗高可尊山林情不變

宋

送謝廷評知餘姚　范仲淹

世德踐甲科青紫信可拾故園特榮輝高門復樹立餘姚二山下東南最名邑烟水萬人家熙熙自翔集又得賢大夫坐堂恩信敷春風爲君來綠波滿平湖乘輿訪隱淪今逢賀老無文藻凌雲處定得江山助未能同仙舟離樽少留住行行道不孤明月相隨去

送師厚宰餘姚　梅堯臣

吾從淮上歸君向海壖去安知無幾舍邂逅不相遇頗知飛空雲到月不得附月行既不留雲亦值風故誠知會合難豈是忘所赴我雖躡新履心不舍舊履誰謂若世人食瓜思棄瓠君南我赴北日見鴻鴈度茲欲遠寄

書爲行且高據但謂金石言於時儻無忤

送韓持正知餘姚

君家二仲父連爲吳越宰錢塘與蕭山治迹應無改魚蝦莫厭腥網罟從人採天晴姚江清縣鼓潮翻海

送謝寺丞知餘姚

姚江千里潮汐應山井亦與江潮通秋來魚蝦不知數月日舉案將無窮高堂有親甘可養下舍有弟樂可同縣民舊喜諸郎政努力莫愧君爲翁

送馬廷評知餘姚

越鄉知勝蜀君去莫辭遥暇日魚蝦市新霜橘柚橋河

流通海道山井應江潮近邑逢鷗鳥先應避壽槐

送劉寺丞赴餘姚詩　蘇軾

中和堂後石楠樹與君對床聽夜雨玉聲哀怨不逢人
但見香煙横碧縷謳吟思歸出無計坐想蟋蟀空房語
明朝開鏁放觀潮豪氣正與潮爭怒銀山動地君不看
獨愛清香生雪霧别來聚散如宿昔城郭空存鶴飛去
我老人閒萬事休君亦洗心從佛祖手香新寫法界觀
眼淨不覰登伽女餘姚古縣亦何有龍井白泉甘勝乳
千金買斷顧渚春似與越人爭日注

遊四明山　孫應時

平生抱遐尚撫劒遠行遊迹謝聲利牽心與巖壑謀東征泛滄海南鶩踰丹邛西登岷峨嘯北望關隴愁匡廬挽歸轡巫峽紆行舟劍閣最險壯龍門更奇幽歷覽雖未飽勝概畧已收邇來臥燭湖清夢長夷猶家山惟四明名字横九州出門宛在眼欲往輒不酬人事眞好乖山靈苦吾仇忽近盍可笑投老空自尤兹辰正芳春會心得良儔贏糧幸易足快策遂所求中宵雨聲斷逗曉霽色浮天容極瑩淨風氣亦和柔瘦筇挾籃輿野服兼輕裘逍遥指林麓欣欣聽溪流試屐清賢嶺彌益白水湫飛湍響淙潺怪松韻蕭颼艱哉上羊額喘若料虎頭

嶅石昉歲期負樵歌道周百折快一眺千里森雙眸峯巒何緜聯胍絡相纏繆化鈞妙融結神功巧雕鏤長風動溟渤洪濤播瀛洲巨鼇出贔屓游龍繞蚴蟉鯨鵬怒摩盪蠱魚紛疊稠萬怪各起伏千帆近行留或坦若几案或峨若冠旒或拋若劍戟或剡若戈矛或舞若鸞鳳或驟若騑騮或戲若狻猊或搏若貔貅儼然開明堂玉帛朝諸侯赫然會岐陽長圍方大蒐鏖戰臨長平堅壁持鴻溝廣野列車騎中軍嚴旂斿闢闔浩茫茫變化久悠悠愕眙不得語形容乃可侔仙樹四十圍蟠根幾千秋老幹枯不死新榮翠相摎颸馭定來止桑田行驗否

遺迹倍所聞輕舉當何由東南經祟岡左右羅平疇人家散雞犬郵塢來羊牛官徵畢薪炭春事勤鉏耰土膩少沙石寒氣無麥牟荒蹊夾桃李密蔭開松楸是中可避世何勞更乘桴駢巖下蒼峭別岫爭崒嵂孰云二剌勝逝肯中道休仗錫既巉絕雪竇仍阻修停雲朝漠漠剛風晝颼颼盤磴渡方橋廣宇連飛樓珠璣錯藻繡金碧照雕鏤撞鐘食千指鴟版登百籌真來天上居不涉人間憂周遭富佳致徜徉得窮搜妙峯遠色湊錦鏡波光瀏兩溪赴聒聒千丈落滮滮深瀑漂隨危岊潭隱霻蚪倒窺凜欲眩俯匊清可漱澗草高下積巖花零亂抽

挂壁見猱捷食苓聞鹿吻日長轉睍睆霧暗啼鈎輈修竹奏竽瑟細溜鏘琳珍占晴喜弄鵲畏雨愁呼鳩何妨共齋鉢且復薦茶甌老僧頗好事名德肯見投隨意宿山房無眠聽更籌念昔身萬里及此天一陬登臨世界闊俯仰歲月遒榮辱兩蝸角聚散一海漚塵鞅自束縛名揚相敵讐不念猿鶴怨坐令泉石羞心期晚乃愜俗駕我尚優勝具學支許奇蹤飛阮劉時哉山梁雉樂矣濠上鯈聊追與公賦不歎柳子囚招招知音子爲我商聲謳

餘姚飯　　陳造

昨暮浴上虞今晨飯餘姚官期有餘日我行得逍遥盤實剡芡芰美魚薦蘭椒一飽老人事茗飲亦復聊捫腹每自愧昔賢尙簞瓢僧垣棲翠微金碧煥山椒龍泓甘可茹塔鈴如見招遲留本不惡況復待晚潮

石堰村　陸游

木落山不敝水縮舟自獻寒日晚更時村巷曲折見少婦鳴機杼童子陳筆硯農家雖苦貧終勝異鄉縣君看宦遊子豈無墳墓戀生死在故鄉切勿慕乘傳

月夜泛舟姚江　樓鑰

秋暑不可耐幾思泛中川晚來興有適溪船偶及門涼

月纔上弦平潮可黄昏倚棹縱所如臥看龍泉山長虹
跨空濶過之凛生寒坐穩興益佳夜氣方漫漫草蟲鳴
東西飛鳥相與還仰頭數明星垂手摇碧瀾坐客惜此
景不及携清樽無酒要不惡徜徉足幽歡幽歡有何好
叩舷澹無言

高風閣詩

不從文叔作三公歸着羊裘大澤中石瀨釣臺非故地
雲山江水自高風煙迷宿草古遺恨樹擁危樓新奏功
山馭飄飄疑不遠翩然獨鶴度寒空

贈高九萬　劉克莊

諸人洞落盡高叟亦中年行世有千首買山無一錢紫
髯長拂地白眼冷看天古道微如綫吾儕各勉旃

遊丹山　孫子秀

四明洞天居第九巨靈劈石開窻牖捫蘿陟巘不憚勞
同行況遇忘年友老苔護石蒼虎閒飛瀑懸巖玉龍吼
豁然人與境俱勝醉欲拍缶忘升斗回知壺中別有天
未必醉翁真在酒徘徊步月澹忘歸世事浮雲竟何有

遊四明留題丹山　唐震

四明光照九霄寒閬苑神僊日往還瀑布遠從銀漢落
洞門長鎖白雲閑深崖瑞木金文潤絕頂靈槎鐵色斑

無限遺蹤人莫識落花香泛水潺潺

贈厲半村　謝枋得

十二街頭三尺雪駿馬健行如跛鱉生懷故人厲半村拂袖前行何勇決疊山居士强欲吟凍筆如椎硯欲裂京國青衫十載交欲言不言情哽咽願君勿作繞指柔願君勿作在鑛鐵甘雨幽遐蒐草甦清風宇宙貪泉竭循良寧困太平時玉燭光華待調燮

元

送楊學正歸餘姚　黃溍

舜江吾舊遊風物殊不惡江水天際來宛宛帶郊郭雲

帆渺沙潋翠嶂森樓閣别離不可念此日忽已昨想見春水生烟柳仍濯濯君胡久去此三徑獨盤礴空齋耿燈火月冷潮聲落近聞故人書遠致江上作自駒幸無遐進陽詎云薄招邀忻良會緑酒春可酌釆芹有遺篇風雩多新樂因君訊同志何用慰離索

三哀詩　岑安卿

故厲先生 先生諱元吉字無咎號半邨宋末舉進士第爲烏程尉

厲公余先師侃侃國髦士文詞奮白屋名識動丹扆帝鄉眷遇殊曲宴錫豐侈青山何足云倏忽期顯仕云何尉苕溪露泣秋萱死朔風撼南極黄屋繼隳把歸栖從

山雲松柯蔭琴史揮淚新亭悲詩窮黍離旨雪霜轉侵凌故里不可止漂泊海東西生計日凋靡暮年賦歸與幸遂首邱志遺經惜無傳嗣續但耘耔死别三十春恨未致一慰何當馬鬣封秋菊薦寒水

故高先生（先生字師魯里大儒案師魯名埣號樂道拷峯爲之作墓誌銘）

我憶總角初摯立侍師魯蒼然太古姿眉髮垂素縷慨思英發時濟濟整風度承家二百禩衣冠歷餘武馳騁文藻林蘐落老無遇轉盼五十春國祚倏非故荒凉東海濱誰能嗟罄箕幸餘慈谿翁詩文接倩素孫枝復萎折宗祊凛無主斯文竟何辜不綴一綫緒嗟余三世交

念此轉增慕蕭蕭務樟風悲號惘難訴

故李先生先生字天錫號碧峯里先儒

吾鄉山水佳閒世產英特邇來百年間接武媿寥寂蒼蒼栲栳峯東西崎空碧先生擅斯名挺挺無媿色馳聲翰墨場犖彥咸辟易五色日迷眼造物秘莫測餘年付杯酒琴詩自朝夕晚交無功師妙語契金石談空渺生死奚以貧賤戚青衫固不就縱就國步革淒涼文會基孤冢穴遺甓我生恨後時不及風采識室餘書一編焚香得繙繹

月夜下通明堰　柳貫

挽舟下通明初霄落潮後兩挺纔負軛十夫齊奮肘引重如舉虛欻過姚江口細水不生鱗月色金光走蟹窟在蘆根西風吹澤藪開篷挹微涼衆黔于白首欲特浩浩歌往和鳴鳴隹隔雲呼長星勸汝一杯酒

孫常州挽詩　戴表元

白髮何人在青山此老歸殉攜貧日覗歛着賜餘衣文物鷗與没園林鶴是非諸公莫惆悵英爽世間稀

送郡州判之餘姚　吳師道

東越之官地依依舊所經乘潮下別浦佩印到公庭秧雨春陂白鹽烟海氣青有人傳美政應足慰余聽

送楊文仲歸餘姚　吳萊

楊君東去山巃嵸白髮三年餘種種我來相送出江郊飛絮撲舟烟霧重迴思始見色可挹豈恨屢往門能踵芙蓉映幕雲氣生苜蓿分盤日光動信知邑舍頗清淨疇謂田疇極單悪芳春有景僅桑麻儉歲無秋徒秸穗徵科得考寧敢問案牘持平終不擁閒因賦具治敎鍛恆啓刑書甦梏拲惟其與入混瑕垢直以優游傲榮寵素鷴久蓄衣共潔瘦馬多騎骨猶聳香凝畫圖居自閒味絶葷羶食非冗且將厚本植根董何况推仁完毨氄嗟哉世事更變化眼識兒郎盡珪珙皐比擁座早私淑

筆墨專長乃餘勇劍馳梁宋或操鐔弦擊邳郯行徼鸗
交遊已定肯論心學習相符須貫統囊從大海泝空澗
聊擬翁洲覓鉛須蠟屐穿林草木愁蒲帆壓島鯨鼉悚
每令故友役吟夢猶笑青年伏耕隴道途窅窅身更遠
勳業悠悠志仍輩送君便欲東過越龍井泉頭看泉湧
山杯一酹復愴然古曲何能效囉嗊

觀雨憶竹梅翁　　戴良

陽景微秋節愁霖久未收既騰舜江水亦涌秦湖流朝
旦振衣起言登川上樓兩目固云曠撫事多離憂爲懷
我儔侶年大雪盈頭近緣促官課滯彼海東州鹵液八

庭澗鹽烟當座浮行潦作蹊逕沉泥壅道周跬步不能
出兀若坐虛舟得似客遊日長途騁驊騮

海隄行 為葉敬常州判賦

海潮淼淼海雲黑幾處居民遭墊溺豈無精衛填石心
海水無情誰敢敵餘姚州佐一文儒射策到來膽氣麤
手挽大鼓召丁壯誓作長隄備不虞政行令奔喧百里
畚鍤紛紛集如蟻鬪符府檄適復至以賦來從無遠邇
伐山鑿石倏有聲盡道轟雷動地鳴靈胥聞之尚膽懾
天吳值此定心驚頑之地脈異疇昔海口分明見山骨
新隄萬丈與城延怒浪狂波爭不得從兹疆場永奠安

黍稷桑麻應鬱然當知擊壤行歌日絕勝乘濤悔過年牧童每指村中路卽是前人沈溺處念功旣許髫齔識追恨惟容髑髏語姚江渡頭夜泊舟夜聞南岸聽濃謳鯷壑鮫洲盡耕作葉公爲政孰與儔古有白公及鄭國引渠溉田足民食二渠已廢名尙傳況乃葉公今更賢葉公事業海同久海隄可壞葉公之名不可朽

寄張天民

於越山中張左贊平生出處絕堪悲爲慚柵下廿三點竟逐梁鴻賦五噫紫陌縱榮心似鐵黃金久盡髩成絲更憐一種清奇病獺髓鸞膠不可醫

懷宋庸菴

麥秀歌殘巳白頭逢人猶自說東周風塵澒洞遺黎老草木凋傷故國秋祖逖念時空擊檝仲宣多難但登樓何當去逐騎驎客披髮同爲汗漫遊

懷滑摟寧

海日蒼涼兩鬢絲異鄉飄泊已多時欲爲散木居官道故托長桑說上池蜀客著書人豈識韓公賣藥世偏知道途同是傷心者只合相從賦黍離

懷宋思實

世間風雅久陵遲此事惟君早得之遺響直憑東漢續

流波奚用晚唐爲後先作者皆殊列得失中心只獨知
白首低垂方抱愧敢要佳句賦睽離

宗道師曾許尋鄭元秉春草圖見寄詩以促之

平生不識鄭山輝寫草成圖偶見之恍惚鷺羣翻水日
依稀鴻爪印沙時康成巳矣空書帶靈運悽其且夢池
寸楮尺緗能寄否敢憑去鴈致深期

近造嚴宗道蒼雲軒見宋庸菴壁間舊題因借韻

祠賦

先生去隱富春山巖得聲名滿世間往事只今成變滅
荒祠終古倚孱顏九霄共覩冥鴻遠千載誰聞海鶴還

自是賢孫知述德故題軒字領餘閒

題高節書院

萬丈層崖置屋牢子陵塚墓壓靈鼇繞庭雲氣皆山雨
滿壑風聲是海濤隱德昔煩天使下祠光今竝客星高
回頭却憶當年事幾度春陵鬼夜號

題高節書院　月魯不花

遠聘羊裘到漢庭竟忘龍袞畧儀刑先生不爲千人爵
太史何勞奏客星潮上嚴灘浮海白山連禹穴入雲青
高風千古成陳跡唯有荒祠繞翠屏

題葉敬常海隄遺卷　愛理沙

潮汐東來勢蹴天一隄横捍萬家全陵遷谷變人誰在
海晏河淸事獨賢曉日山川神禹跡秋風禾黍有虞田
河渠他日書成績應並宣房與代傳

題丹山　楊維楨

四明山二百八十青孱顔天空四牖金雅玉蟾兩出没
是爲三十六洞之九别有丹山赤水非人閒我夢仙人
賀狂客云訪雲翹子孤峯絶頂登大蘭下見洪濤衮日
車輪大虹光壓影雜沓翻瀰漫上有桃花美人者液鳳
髓脯龍肝令我食之生羽翰路逢毛先生一笑今與古
赤玉之舄墮地化爲石我一叱之力厥虎潮飛大士洞

水門風折祖龍橋石柱赤玉之舃何足追下窮地脈上天維鐵船徑渡弱水羽火劍欲斫扶桑枝毛先生毛仙後千春曾醉廬山酒酒醒騎虎却入終南山笑呼彩鳶下招手石田玉子大如斗

海隄行

天吳蜚精衛啼娥江之北蛟門之西大禹東來朝會稽九河一疏錫元圭寥寥三千載桑田幾滄海洚水日横流我思訴真宰相門子棐大夫莅政三月初海如瓠子決灉瀕𪭝紅濤黑浪爭吞屠元光白馬有祭璧羽山黄熊無玉書蛟眼赤射日蜑民不寧居棐大夫海𥙊柸驅

鬼鞭運神斧五丁一力萬夫一語新甫明栢崑山取石金椎築土手鎖陽侯之咽蹴踏支祈之股玉繩永奠三萬六千尺陳公隄白公渠無足數石人夜語魯已僊河伯血面上訢天葉大夫回狂瀾障百川海不波石不穿河清海晏三千年

題餘姚葉敬常州判海隄卷　丁鶴年

陰霓夜吼風雨急坤維震蕩元溟立桑田變海人爲魚葉侯訢天天爲泣侯奉天罰誅妖霓下平水土安羣黎嶙峋老骨不肯朽化作姚江捍海隄海隄蜿蜒如削壁橫截狂瀾三萬尺隄內耕桑隄外漁民物欣欣始生息

潮頭月落啼早鴉柴門半啓臨滬沙柳根白舫賣魚市花廊青帘沽酒家花柳村村各安堵世變侯仙儵成古侯雖已矣遺愛存時聽叢祠咽簫鼓人生何必九鼎榮廟食貴有千載名君不聞一杯河水決瓠子沉馬親勤漢皇祀又不聞一帶江波泛蜀都刻犀厭勝秦人愚江平河塞世猶駭何況堂堂障滄海論功不啻濟川才砥柱東南千萬載嗚呼只今四海俱横流平地風波沈九州蒼生引領望援溺州縣有官非葉侯禦災誰復憂民憂

寄餘姚滑伯仁先生

獨木橋邊薜荔門全家移住水雲村猨聲專夜丹山靜蜃氣橫秋碧海昏詩卷自書漸甲子藥壺別貯小乾坤陶漁耕稼遺風在差勝桃園長子孫

寄餘姚宋無逸先生

龍泉城外絶囂喧寄傲全勝在漆園獨對江山懷舜禹每懸風月問劉樊餘姚有舜江夏山劉使君樊夫人仙跡行窩釀酒花圍席野寺題詩竹滿軒回首崑岡空刼火深期什襲保璵璠

虞世南故址　張鉄

凌烟閣上圖形後文獻而今尚足徵五絶才名欽日角

千秋祀事賴雲仍生前妙墨空遺世湖上荒基半屬僧

對景不須長太息蕭蕭松栢冷昭陵

明

送景德輝教授歸越中　　程本立

斗酒都門別孤帆水驛飛青雲諸老盡白髮幾人歸風雨魚羹飯烟霞鶴氅衣溪山無限意予亦夢柴扉

案此詩從詩箴選本與潛溪集異

與諸友宿城南郎事　　宋　僖

吾邑東門外五里許有岱嶽行祠在小黄山俗傳三月廿七夜其神出而還恒有火光若列炬

自諸叢祠出送獄神還明滅聚散雲霧開不可勝數者是其徵也每歲邑人候而觀之以爲常今年其夕周原信孫尚質范得梓郭廷羽趙自立張與權陳子範輩要予宿南門外初不知觀所爲神燈者因賦詩一首以寓感慨之意云

同宿城南有八人送春箇箇惜殘春空中何物明燈燭夜半高歌動鬼神白雪滿頭猶激烈緇塵在眼復酸辛年華不及諸郎好作賦吟詩齒髮新

遊四明山　張宣

野人放浪山水情小弄雲海遊四明半空下見日光動

中夜起聽天雞鳴松風濤卷出萬壑耳邊無處無秋聲
綠蘿碧澗月欲上簷烟遠岫天低横山中招隱者誰子
相看擬如游仙行山川奇絶境復清秀色可攬難爲名
安得儒人衛叔卿身騎白鹿下來迎粲然一笑白雲裏
授我寶訣教長生

墨牕爲越人趙撝謙賦　管訥

女媧立極斷鼇足羲畫之先無刻木始觀鳥跡製文字
夜鬼哭天天雨粟篆隸變化生八分行草復作何紛紛
六書故制既茫昧載籍況遭秦火焚後之作者不可數
形聲寥寥眇千古更論得法神妙閒自信臨池心獨苦

君居於越文獻邦家藏金石書滿㕓磨穿靑州老未已
萬斛巨鼎疇能扛吳興宗人巳物故浙河東西誰獨步
君今有志繼絕學砥柱中流見孤注剡溪百番氷雪光
元霞一斗松煤香滿堂賔客看揮灑風雨颯颯龍鸞翔
我嗟塗鴉手如棘屢欲從君問奇畫君還許我載酒來
我捧干鍾勞君筆

芧山草亭爲餘姚謝生正作　李東陽

澄湖四面平如鏡湖上一山如鏡柄小亭孤絕冠山顛
影落虛明波不定朝看海色開聳暝夕愛嵐光閃餘映
包含萬象八空寥上有鳶飛下魚泳樵徑崎嶇或可通

漁歌欸乃遥想應中有儒生讀古書誅茆伐木披荒磴
山疑句曲豈三仙亭比杜陵爭一勝誰遣湖來化汝仇
莫言墩去非公姓山中無事聊習靜席上有珍方待聘
溪雲溯月供揮灑春鳥秋花入吟咏烟霄意氣江湖興
鐘鼎山林豈天性從此功名奕代傳茅山合與東山稱

送王尚書德輝還餘姚　　石珤

春花豈勝秋新人不如故紛紛紅紫羣酣艷良未悟千
金買馬首百罔捕毚兎一曲雍門歌夕陽在高樹

同雪湖湖山唱和　　謝遷

豪來時復掉觥船茶臼無聲隱几眠風入疎松淸徹曉

雨深豐草碧連天五千卷在聊撑腹三百廛空漫力田
却憶斑生獨何事遠將文字勒燕然
採菱歌動隔溪船竹几藤牀正熟眠林徑透迤麋鹿洞
村墟掩映鷓鴣天閒情久已拋塵鞅生計何嘗廢硯田
世路風濤無定在湖山相對只依然

同木齋湖山唱和　馮蘭

謝公蓮蕩藕如船欲借雲槎看月眠涼意先秋風動樹
清歌入夜露横天久忘塵土邯鄲夢賸有桑麻杜曲田
松雀獨歸門未掩兩翁青眼倍醒然
來興如乘雪夜船清談時復對牀眠池臺曉過千峯雨

枕簟凉生六月天撩水白禾連遠郭抱雞烏芋覆平田
江湖一飯君恩在預喜秋登腹果然

送王伯安南都審刑　何孟春

秋而彌天來秋風動地發秋官方用權暑氣靖七月四壯復何之時當奉天罰黄紙下青冥欽哉惟帝曰罪毋脱秦懸法勿加楚刑三覆五覆明務使事情核宸衷一寸丹載拜書之笏年來民俗漓肯長其告訐年來吏事冗肯聽其唐突持此直如絃何人行請謁持此平如衡何人得乾沒莫將五德鳳擬以獨擊鶻筆端有造化還解肉寃骨山川幾經歷歲月去飄忽薄書盈几席肯作

塵勞咄夜分燈火孤清興諒難泊檢點紀行篇浮蹤遍吳越歸朝擬何時欲及衆芳歇民物衰矜餘轉覺心如齓好爲萬年書伏奏蒼龍闕

送王陽明謫官龍場驛　杭淮

白日野中微浮靄結朝陰送子遠行役躑躅傷我心豈無艮朋儔不如子同音寂寞投窮荒誰能念浮沈願爲雙玉軫相隨歷瑶琴

歸懷　王守仁

行年忽五十頓覺毛髮改四十九年非童心獨猶在世故漸改步迴坎稍舞鈹每當快意事遽然思辱殆傾否

作聖功物覩豈不怏柰何桑梓懷衰白倚門待

送邵文實方伯致仕

君不見塒下雞引類呼羣啄且啼稻粱已足脂漸肥毛羽脫落充庖廚又不見籠中鶴歛翼垂頭困牢落籠開一旦入層雲萬里翱翔縱寥廓人生山水須認眞胡爲利祿纏其身高車駟馬盡桎梏雲臺麟閣皆埃塵鴟夷抱恨浮江水何似乘舟逃海濱舜水龍山予舊宅讓公且作烟霞伯拂衣便擬逐公回爲予先掃峯頭石

寄馮雪湖二首

竿竹誰隱扶桑東白眉之叟今龐公隔湖閒雞謝墅接

渡海有鶴蓬山通鹵田經歲苦秋雨淚痕半壁鷲湖風
歌聲屋低似金石點也此意當能同
海岸西頭湖水東他年簑笠擬從公釣沙碧海羣鷗借
樵徑青雲一鳥通席有春陽堪坐雪門垂五柳好吟風
於今猶是天涯夢悵望青霄月色同

懷歸

深慚經濟學封侯都付浮雲自去留往事每因心有得
身閒方喜世無求狼烟幸息昆陽戰蠡湖空懷杞國憂
一笑海天空濶處從知吾道在滄洲
身經多難早知非此事年來識者稀老大有情成舊德

細謀無計解重圍意常不足眞癡道情到方濃是險機
悵望衡茅無事日漫吹松火織秋衣

歸興

一絲無補聖明朝兩鬢徒看長二毛自識淮陰非國士
由來康節是人豪時方多難容安枕事已無能欲善刀
越水東頭尋舊隱白雲茅屋數峯高

夜坐偶懷故山

獨夜殘燈夢未成蕭蕭颸外故園聲草深石徑𨂂蹝嘯
雪靜空山猿鶴驚漫有緘書懷舊侶常牽纓冕負初情
雲溪漠漠春風轉紫菌黃花又自生

送王陽明謫龍場　倪宗正

一鳳鳴初日悠悠別上林流離文士命慷慨逐臣心但得精神健何憂瘴癘侵風花長滿目應不廢哦吟

之四明山居經南嶺　楊珂

遥遥四明居幽路經南嶺寒烟護遠村旭日穿林影茅屋四五家石田兩三頃山雞啼竹罅野鹿走峯頂霜濃柴葉白澗曲泉聲靜清暉到處佳幽趣何人領願言長休哉使吾發深省

勾餘即景　皇甫汸

大唐昔頌濯龍川於越龍今吐異泉終日幽雲臨禹穴

有時飛雨灑堯天　鳳去山空尚有名翩翩五色晚霞
生遥瞻玉帝祠前火散作人間不夜城　白水宫前紫
氣重清天秀出玉芙蓉世間别有棲真處何必天台路
始逢　萬雉環虹架石梁中流樹色影蒼蒼垂竿試問
潢溪水非復平泉醒酒莊　三江横貫兩城中同是潛
鱗色不同更道芳州多蕙草幾叢花發倚春風
姚江　翁大立
浪花白白魚迎棹江柳青青人倚欄歌館酒樓山郭裏
畫船珠箔水雲間
蕙江　沈之鼎

聞說當年蕙叢生繞曲塘至今春水上一棹有餘香

餘姚　周容

已自忘爲客無家是處家潮聲衝岸曲山色逐籬斜避跡休栽柳勞身且種瓜故人誰復到無語對昏鴉

國朝

餘姚縣城十四韻　蔣平階

太傅歸田後端居問海籌餘姚虞庶子丞相漢通侯比屋開新邑重關枕上游一時勞版築百里固金甌萬戸歌鐘遠千巖睥睨收城形雙璧合橋勢斷虹浮紫陌雞人唱青門鶴市留風烟含越郡雨雪洗明州夜瞰魚龍

窗晴看鴈鷺洲吳雲連白馬南斗入牽牛桐嶺將飛舄蓬山可放舟鶯花當日夢烽火隔年愁水落津亭晚牕虛洞壑秋披圖論設險清歡滿江樓

送邵得愚　曹溶

冷攜瓢笠似孤雲歸臥蘭亭即右軍臨水明年修逸事春光須向客邊分

送姜二承烈之都門　毛奇齡

丈夫居家不遂意翻然拔劍游帝京滹沱萬里白雪盡薊門千頭黄榆生輕車揭揭走析下燕市風雲起叱咤懸金時上九成臺挾册當來五侯駕我從君行被君轍

讀君雄文嘆奇絶向使馮唐早濟時魏邴蕭曹豈堪說
春風吹開楊柳枝同舟元禮神仙姿會乘虎觀青雲去
莫忘龍山夜雨時時史進士何轍同行

過姚江俞石眉宅

東行不逐海濤魚爲覔雙鉤一駐車記取龍泉山後路
秋花猶覆子雲居

懷黃梨洲夫子　　查慎行

海內靈光焚刼餘名山一席老仍虛及門漸散天南北
舊事閒隨蔓卷舒黨論甘陵多擬似交情中散比何如
公朝漫有程文海又費先生却聘書

懷黃晦木先生

黃浦花深護竹扉隔江城郭鶴初歸風生故壘餘蘆荻天遣西山長蕨薇注易十年留小草憂時一淚肯輕揮老裝來往錢塘路藥裏丹爐計未違

餘姚　　屈復

雉堞夾流水舟停潮上初才華懷夙昔羽翼滿亭衢入市蔬唯筍行人食有魚文成功不再棹發倚躊躇

寄餘姚趙明府七首　　桑調元

賢者事割雞亦用牛刀銼我爲邑之民利弊夙所詳地繁吉貝花紡布白如霜沙田雖豐稔未足經年糧辛苦

舟車運爭耀於隣疆昨者海波溢沿海罹其殃十年培
元氣猶存小痍創至今父老語痛泪流淋浪我欲罄土
音土音悽且長侯如弗厭聽續吟引吾吭
吾邑地未臨一十有五都沿海增塘塹捍護資良謨其
內百萬頃水利講灌輸有湖曰汝仇蓄洩備所須首事
未深思誤闢爲菑畬四十八姓田家瘡愁乾枯利一害
已百曰浴盈海隅前年不懲患復規牟山湖未斷奸民
舌萬衆立桀驁厥議幸中寢驚魂始獲蘇此實命所繫
勿訾愚民愚邋遢新湖塘代役忘饑劬爭此涓滴水有
若甘醍醐

聖王曠蕩恩山東下詔書升科有未便悉除新田租願
王劇湖議怙恃憐呱呱豪猾覦開墾上刑辜有餘秋冬
固堤堰修築通川涂前賢立法善有堰必有夫美政各
修舉我民有寧居
何者爲民蠹鄉曲藏險奸上司充厮役勢挾千萬端誆
訟工反覆黑白恣欺謾一士有一豪一豪有一官里胥
黨附之良善何由安亦會經小懲不改舊肺肝謂此非
元惡法網遂屢寬宥此衆螟蟓我心爲之寒
國家設官職大小有專司煌煌甲令禁佐貳受民辭況
屬百夫長弓兵汝所治太平修武備濵海滌水師訓練

行伍外何得傍侵爲窮鄉遠官府有事邀報之冀以土奸滑武斷縱橫施具辭申至縣曲直欺紙畫縱然早寢息中產無餘貲事權宜歸一端在下車時

篤行先君子（先贈公著孝行郄海冠臨川李穆堂先生題贈曰古之篤行）奇孝自童時太父患噎膈風爐手親炊肥豚和白粲持作飯與糜久之奉肉汁更爲熬羊脂啓何胸氣順徐進一二匙羊脂又復郄抱鐺血漣洏康熙甲寅際海氛晝漫瀰慷慨集鄉勇練長公私推誓師於祖廟（先遠祖仲才公縣之燭溪人唐宣宗朝官御帶奉使海昌沒爲水神至今子孫環祠而居）先靈默護之神兵刻哨曰冠見驚宵馳三載始解嚴鄉堡免阽危至今沙中叟喃喃喜

陳辭倘欲奉栗主配食御帶祠是宜聞
九重褒旌下形揮藐孤出草土上請猶稽遲雖邀
恩綸贈顧惻祀典遺治內有先民聽告明府知
姚江奔大海兩潮洶澆灂萬山四盤迴攢簇青嶽嶽鍾
靈產一儒大道推先覺遺書壽穹壤古德完渾璞肫肫
孝感公存齋先生特筆表實學故里與荒邱照耀豐碑卓徐
侯聞之起括庵山骨任礱斲想像寒烟爐秋苔壓斑駁工
成倘明府道風未云邈他日祀瞽宗有待丹檴桷
客從海鄉來語侯清且艮窮海得父母赤子眉開張今
年沙壠熟有穀堆滿倉花利復三倍老幼釆擷忙顧維

桑梓私每飯耿不忘迢遥得所加加餐快中腸寒宗執本分秀撲業有常絕無竿牘餙耕讀妥時康兩年倚京華望雲思彷徨遲須一壓受請謳寄海鄉

餘姚舟次　陳章

海天雲慘淡沙路篆縈回土堠荒岡立柴門野店開清波鷲失乳廢町竹無胎愁聽麗眉叟風潮話舊災

同人泛舟慧江歷探西石大黄諸勝

杭世駿

諸山環縣門彌望青可數沿洄趁落潮濤響出汞鶻嵐光動揺中倒影更妍嫵曠觀怡客情攬勝始江滸言尋

招提遊瞻對梵夾古修廊不逢僧陰殿忽來雨藉茲滌囂煩豈敢惜腰股攖身躋層巔衆目萬景聚荒塗浩茫茫秀色連極浦振衣天風高長嘯動林莽

同董浦謝山泛舟慈江歷遊西石大黃諸勝

施　安

渡江暑雨收一涼似新獲閒赴酒人招沙路散輕策塔鈴韻微風導我入淨域茲寺創何年佛傘半剝蝕緬懷支許流經床此棲息一樓俯青林縱目紛埜色飯餘歷東峯路迴嵐陰逼高頂開瓊扉松雲蕩心魄殘僧寡酬對茗粥亦時設洒洒巾舄寒泉華迸地脉徘徊出烟蘿

清景紛兀突

癸酉二月學舍栽梅喜成長句　周助瀾

十年京洛風埃中犯寒破臘思冰容銅坑夢遠香雪海翠禽縞袂無由逢南歸一艇舜江棹程期迫促何匆匆西谿舊約幾回負孤山熟訪逋仙蹤今年春色倏過半落梅玉笛驚飄風豈知予季偏好事短札迢遞傳鄉筒（梅爲舍弟葭客從武林移種）凌晨剝啄見花匠四十三樹移江東橫枝束縛疎影瘦僅留臏白餘殘紅虬根遠帶武林土片箬尚冐漁舠篷連宵幸值膏雨渥多儕護惜勞天公長鬚奔走具畚挿高下排列栽蕢宮或近中唐倚翠栢或

避左礮依榮桐本舒綵客蒙駝衕詠茅蕤草農夫功綺悳晴昊領生趣佇看綠葉抽茸茸小寒一候花信早醱醅速客誇今冬我願後來勿剪拜之而挐攫成梅龍

餘姚志　卷三十六　三

餘姚志卷三十七

知餘姚縣事唐若瀛修

藝文下

賦

歷山賦　王安石

歷山之峩峩兮予汝耕之孰汝疆之此非予私云然兮誰女使予入之予兮余師歷山之峩峩兮則維其常人之子兮云曷而亡云曷而亡兮我之思今孰繼兮我之悲嗚呼已矣兮來者爲誰

後歷山賦有序　鄭彝

王文公宰鄞時有與季父爭田於縣於州於轉運司不直提點刑獄命公直之將歸閱然望歷山而作賦其辭有曰嗚呼已矣來者其誰蓋傷承宣者不得其人而民俗所以不古若也後公一百餘年大梁劉侯佐是邦受履田之命於郡息爭田之訟七十餘事父子兄弟各還其天者蓋多有之又何民俗之易化也然則來者固有其人惜文公不及見也余耕於歷山者也於侯之化幸親見之乃作後歷山賦賦曰歷歷蒼蒼兮土地茫茫維昔先民兮聖人之氓耕者讓畔兮孰貪孰爭時弗古若兮斯人之傷化有所自兮汙隆弗常侯承於後兮民既

樂康兹爲之兆兮來者可望來者可望兮歷山蒼蒼

姚邑賦有引

予以謭𨾴叨蘇熙朝陽九運逢遘䜉蒙擯棲遲衡茅者十五年餘矣嗟精力之茂强乘時日之清暇探歷佳景以銷壯行之懷稽詢前哲以終尚友之志因知一邑山川之勝億代人物之隆嘉孫因卜居之雅希子賤生曾之幸竊謂二京三都張平子左太冲咸摛賦以侈其盛吾姚迺舜禹之遺墟宋帝所駐蹕兼以謝安支遁陸龜蒙葦之所遊覽國朝諸名賢之所題詠是宜鴻筆盧珠之士緝藻搴芳繪繡縟采以表章之雖在昔龜齡會稽

有賦此不過總掇其槩耳然譚之不前擻之未究奚足以闡勝而宣奧彰往而式來予遂忘其蕪陋操觚作賦畧其繁惟掄其大紀其實弗炫於華非敢效顰於先賢特欲誇耀乎休美覽者循詞考真廢艷取素庶得以諒其衷而觀其蘊也若夫捜剔其遺而蓘飾以文則俟後之君子云爾賦曰

緊會稽之肇建樹姚邑於鎮東溯邑名之攸倣壯有虞之支封瞻天文於揚域正牛斗之炳空考坐維於易象値巽風之潔蹤歷春秋而統越更嬴秦而附庸天寶置郡爾旋復唐元升州而鮮終迨皇明之踐祚奠土宇而

朝宗望靈緒以經始依秘圖以宅中灝灝注趨一江界
其胸臆巍巍拱峙兩城判爲樊籠熒然景曜之暐曄爍
乎風物之楙豐都隅共四十兮總總疆里幾三百兮蔡
蔡連嶗嵊而距錢塘展也鉅區控蛟門而通胥渡允矣
要衝譙樓嶤岏霏靄迢聯於榱桷琴堂谽谺星辰迴綴
於簾櫳雉堞參差晻映乎層蒼疊翠虹橋聳跨窖鎖乎
萬派千變繽紛衛所綦布於北海煇煌庠序雲構於南
墉繕庾廥兮置郵同啟闠憲臺兮藩臬並崇觀村廓之
森羅珠連而綺錯羨甲第之璀璨日耀而霄冲於巷兮
覘市肆之縱橫在野兮嘉桑禾之鬱蓊塵壤隸於浙省

雖爲稍僻輿圖冠於天府疇與齊隆若山則化鈞巧爲融結神工費其雕鏤岑巒峭拔脈絡纏繆蜿蟺徛礒嶫岋崒嶮坦夷如几案崔嵬如冠蓋排撇如矛戟飄蕩如旌斿飛舞如鸞鶴搏躍如貔貅烈嶪二黄巃屹於左畔豐眉五峯爭馳於右脈勝歸兮後之嶶屒茇藺兮前之屛幬竒哉龍鳳之對列儼然龜蛇之竝浮虞山歷塗大舜之芳蹤已邈圖山石匱神禹之鴻功罕儔龍泉爲高宗所幸梅梁乃理宗所鈎鴈嶺致鴈想虞國之偉蹟馬渚埋焉慨秦皇之遐遊鑄劍憶歐冶之利黜兵貽高雅之栽粱粒蘿壁郗愔之宅東山薇洞謝安所休客星兮

高節丞企賢嶺兮遺跡可哀白釜兮煉丹之竅菱茗兮讀書之邱金山兮葛仙所剖銀塘兮靈神所留杏與茅兮鷄鳴崧與栢兮鸞投蟠龍兮小大判栲栳兮東西侔芙蓉兮四明之心樊榭兮九曲之道烏膽烏玉兮石窗石屋白水白雲兮石谷石丹誠天造之勝槩非人工所與謀若水則渟演滉瀁澎湃渺茫漣漪瀲灧潺湲汪洋淨似匹練濆似飛霜洒似瀑布環似帶纕喧似轟雷瀉似騰驤發源於太平旋遶於河隍決飛湍於百伱疏清瀾於八方引修堤之逶迤激危磧而播硍檽黃洎瀾兮聯六浦舜菁與蕙兮分三江潮汐吞吐於昏旦澗鋈貫

通於池潢瀁濤漲則層滋沒迴波減則沈沙彰經曲匯兮縈紆難淺雜禪海兮淼漫無疆泉有舜井飛瀑靈源華清淨聖姜女化安葛仙其源也洸洸潭有竹山鴈池屏風龍湫鬼嘯洪浸靈寵後橫其裔也瀼瀼溪有曰紫曰簟曰白曰梅明塘鳳鳴游源牛屯其流也汸汸湖有余支牟山汝仇燭溪上林上嶴蒲陽松陽其瀦也泱泱渠涇析其支流堨閘峻其堤防灌溉兮資億頃之畦畛闢衍兮勝千斛之帆檣烟銷月朗閭漁舟之笑歌浪推風送覯賈舶之飄揚其萃秀也莫喻其溥利也靡量若物則陸聚儲稽之殷莫測其數動植孳生之富難畢悉

辭唯勾餘之金玉古籍可諮海濡之鹹鹺國課攸司東
作有三農之業南畝急百穀之芓逆夏早秀迎秋晚秖
穫分稌秈粒食可資秫有黃白醞釀咸宜粟蘤皐蕎稷
菽茂滋候時覘節遁熟遞刈𢇁邪蔴分葛苧擷圃蔬分
芹薺銀茄紫莧碧瓠青眂石芥石耳野葵野薤如練之
上酥如拳之蕨肥兒臂分菱美仙人分菜育竣鵖分李
相食蔓菁分劉綱遺菓則青櫺仙品烏椑繁核林擒楙
梨石榴櫃栗雞心枇杷馬乳蒲鬱雷柚吐棠枸櫞含秘
桃判緋白櫻胡異實李擇翠黃茄郁殊質杏有銀杏之
辮絳囊超百梅有楊梅之別燭湖第壹渤海所舊惟菱

惟芡澤陂所產曰菂曰蔤懸泥之橘膚綠而香凝眉山之瓜瓤赤而甘苾木則平山興隅櫟柞櫧榧明山豐植梗楠樟枳松槐柘檀檜柏榆梀檉椐桐柳楓楊櫟杍堅脆殊性卑高異止輪菌虬蟠埽𡑞鱗戾幹合抱以參霄葉千垂而蔭趾沿長谷以傾柯結深林以成萋皂莢兮臻劉樊之昇仙丹桂兮兆王華之太史如彼厭桑嘉樹罕匹甚可橑枵腹葉則飼蠶室綺縠紵綾經緯綸綍杼軸所需貨殖繇出至於偃茗神異所述化安童舉日鑄甲乙龍鱗雀舌霞腳乳窟誇於茶經厠於貢帙嗟陸羽之未逢致鑑味之獨歉竹則箭材殊葉筀管同枝空實

有差洪纖各擬曰龍鬚曰鳳尾曰觔曰毛曰斑曰紫曰
金間玉曰石與水修幹繁枝堅節薄𦶜均翳薈而扶疎
亦葳蕤而森蕤染雲煙而婣漣抗風霜而離披埒淇澳
以猗妍遲鷟鸞之棲依或斵或磓爲器爲紙凡厥筍簬
迨可供甘旨嗟劉殷之泣饋感元琰之盜止花則揚之
芍藥洛之牡丹海榴海棠山茶山礬金絲金錢玉簪玉
蘭繡毬艷易寶珠馥蘼薔薇稠架荼蘼盈壇蠟梅黄梅
之異種碧桃絳桃之殊顔簷蔔兮薦馥洛陽兮吐斑芙
蓉芙渠兮婀娜紫薇紫荆兮繽翻瑞香丁香兮芳騰水
仙鳳仙兮妍班肆杏李之的皪洎槿棣之斕媥杜鵑木

犀訝四時之華蕚蜀葵閘鞠俱五色之燦爛芬郁肸蠁黝靄蒙靉絢彩葩於綠蒂晃素蕤於翠瓣菲菲乎隱映於蘚砌簇簇乎點綴夫藥欄草則蘭墅鯍蘭蕙江產蕙蒿山之英芝山之瑞蘋蘩之可羞芸蓀之可佩魚腥魚藻之叢馬鬢馬蘄之蒓七里香兮蘷蘷千年潤兮蒪蒪笠兮莎之苗精兮席之穗山之葛兮越王湖之蒲兮楊尉蜓罔之聯茵兮蒙茸蘿石之長生兮蔥翠萋萋芊綿咸被隄而彌高廡廡繁縟若摛錦而布縟芬芳鬱亂於五風蔥蒨光昭於旭燧衙有海鷗水鶩雪姑山鷂鶻鵓靈烏鸛鴿鷾鵲仙鷳飛奴爽鳩列鵬鴛鴦白頸鶻鴿黃

鸝斲木桑扈淘河鸕鶿鵁鶄鸃火鴉舅畫眉知風布穀喚雨鳴時金衣公子荻塘女兒或西來而結陣或北嚮而始啼愛羲鴈之頑傲豢舒鳧之褷䙰顧疏趾之在梁覷翰音之栖塒邈霄漢而高搏拂簷楹而差池投叢林以佀宿充庖廚而犂頤獸有憑林之虎食苹之鹿霧豹鞹文雪狸面玉鞠侯連臂黑郎豐肉兎以三穴而狡麑以三足而亍牉粉毳氊豵豝蹢躅有纖離之駿有茁壯之犢或元邱校尉之類或廬山郡公之族逞飛技於崇崖棲幽蹤於窮谷攀木杪而呼號履曠埜而馳逐若鱗介之物更淵渺難知郤舉迺潛龍之宅白溪爲神蛇所

居長鯨吞航巨鰲負嶠江鯊湖鯽桃鰦梅魚鯧鱗䲡於三月鯉色異於各隅隭塗兮海之涯銀鱠兮嵬之隄鰣如箸而㺿鰻如箭而腴石首如碁也比目如箬歟揚鬐掉尾耀錦傳書或乘浪以潑躍或依藻而噞喁黄甲酥凝紫蟹芒輸卵生影伏之類祓甲剖珠之軀溢於網罟盈於市渠若兹而藥山澤不一陳於本草名種詎悉元參丹參白术蒼术忍冬門冬惡實枳實茺蔚母豨薟寄奴牛膝赤芍龍牙黄精虎骨天麻蛇脱地丁蜂蜜或並類而殊性或異形而同出卷栢萬代而不隕茯苓千載而始蒐既含靈而萌芳亦驅氛而療疾葛公餌而昇仙伯

仁用而精術若秘色之器兼絲之葛冰紈之絹毳罽之毲苧紗連雲繭布累雋簟以流黃而充貢爥以栢紅而耐跋班管之陸離金版之修潔庶可伴乎槧鉛將有資乎纂掇其人則海嶽精液鍾粹炳靈丰儀煥發神宇清明德行醴淳而玉潤文學淵穡而雲橫節操厲冰而凌雪勛業幹造而迅霆科甲式濟其美簪纓允緌其聲成嘉之閒鶯臚傳之聯唱宏正以後羡魁元之彙征父子發解於棘院翁壻獨步於雲程一門而三第者希覯一麟而三鳳者再升或橋梓同捷或棠棣連登或祖孫輝映或伯叔崢嶸或三世而步其武或四代而續其聲綿

綿宰輔亹亹卿丞冠蓋累蔭蹄輪接乘閭閻羨縉紳之賦寰宇推賢喆之宏郎誌傳所載未罄刎諮諏所逮奚徵虞帝之生諸馮疑且闕之夏禹之亩秘圖邈無論矣考夫勳戚之沾榮雅有名爵之可擬世南五絕冊公於丞與虞汜多庸晉侯於交趾武昌之虞潭勛自勤王平康之虞預蹟由傾否胡衛錫開國之伯胡沂膺郊恩之子丞年武康以戚畹而寵殷新建文成以平逆而功彌孝友則石明三搏虎而痛母王彥達罵賊而代親岑全之候侍靡懈黃濟之承順克敦孫應符以世友名堂虞思輿以歸養萃姻陳泉僉孫都督威撫櫬而哀毀徐瀋

參郤司寇俱盧墓而瑞臻胡景莊祥徵於共産孫文恪譽擅於一門忠節則王綱之論寇氏生董龔之捐軀衛主景豫闈纂而與悲次安臨焚而不懾甘於致命虞忠之良不恐負國唐震之語惠潮賊熾毛憲副授首於河源宸濠變起孫中丞殞身於江壑余延蘭城潰而隨亡謝志望矢盡而猶拒胡夢雷力竭而被戕杜文明纏戰而傷遇理學則陽明之良知祀允配乎孔聖曰仁之警悟德上契於顏賢汝登所修同文簡而並勵時振所著與虛齋以相先安貧講學管子行之堅其守尊師衛道錢德洪之衍其傳懿行則虞喜以孝廉徵車誠以賢良

出王旭名於茂才與準薦於遺逸李尚之陰德純篤虞聳之清虛靖謐伯順有雲巢之名嘉閭有竹梅之實直諫則朱伯先之彈文狡獪是黜莫叔光之駁儀文清著稱遇順指斥權貴見推南朝炳炎切劘君德毋媿古英氣節益勵則潘貴模時政極言則方山京糾劾逆豎則攸時肅振肅風紀則馮本清張給事謫戍於紫塞趙侍御逮杖於彤廷循吏則虞日南之逐車馴鴈徐士涓之蓬池瑞竹虞旹之扶弱抑强黃昌之發奸摘伏九皋以溫恭而治沔南傑以剛敏而守曲處賓彰鉏黠之嚴楊瑾致好官之祝錢伯英之敦俗興化胡惟彥之政平訟

服朱孟常之安撫從容胡季本之縣庭清肅朱常德則
張弛稱便陳嘉定則詭灑釐復學識則虞荔有十事之
對虞翻貽五世之傳黄珏之旨趣精妙安卿之造詣精
研顧臨之性資方正彥械之德操純全周伯以忠實而
聞達宋棠以博洽而名宣楊璲景星著述爲任王遂國
佐窮老益堅胡宗汲篤醇儒之譽李友直似美玉之嬛
虞龢之書全而體僵思行之望重而才連希顧之好學
不懈覺民之力學罔倦懷應時之慮遠慨虞俊之見先
文藝則虞綽勒大鳥之銘虞寄揚瑞雨之頌孫因補越
問而流芳湛若工詞賦而從衆刻燭而虞羲之韻成揮

毫而王至之辭縱黄文僖陳文僖謹厚見於簡篇楊學
副陳學副藻繢敷於縑總劉侍郎之冲澹優柔孫亞卿
之道麗博綜戚瀾宗正則名翰苑而相後先諸燮張元
則善時秩而爲伯仲才操則孫嶸叟之竭盡忠智李貴
昌之料理精詳莫子純之堅守終始孫子秀之任事慨
慷民夷悅服陳槖之治權變善適何林所長王華之秉
節不渝魏瀚之興利有方陳司空以厚重而被遇魏伯
深以風裁而用臧謝文正呂文安謀猷竝彰於殿閣孫
冢宰陳太宰耿介繼著於巖廊陳雲之詮選明核管見
之疏議頡頏韓守清之築城賑饑龔實卿之採木繪像

顧司寇以明執而讞獄無寃楊亞卿以嚴恪而蒞職惟康史宮保策勛於戰伐周柱史樹蹟於激揚蔣駕部之持法雖矯旨索符而抗違宋總憲之加級以黜寇囷墉而定襄廉約則李居義却滇南之金虞士恭見越王之不虞鎬能潔已以愛民于震唯貞心而供職陳叔剛守徵於服御周允直譽顯於易簀宋中丞既休而辭饋二千張司教主試而揮賂數百虞茂瑶則屐至斷虀陸大參則罰無餘帛張懷之布袍芒履鄒蕃之水飲蔬食華方伯之儉素嚴亞卿之清白鄒兵憲則廉靜不擾金郡守則恬淡自適敷教則胡樽之資業不厭許泰之嚴憚

可楷虞僧誕之卽杜難服趙宜生之端巳育材張天民陳師表於鈴珮趙撝謙布學範於瓊臺李應吉銳於條奏而科貢有賴夏廷器躬自飭勵而士類永懷奉使則錢古訓麓川平亂而拒方物之遺劉季篪朝鮮得體而蒙錫寶之賜滿剌之順恭嘉猷之勞廣史學則元禧之縝密素著宋緒之恬退鮮倫膚迪才優於修纂廣敬功昭於苦勤張廷玉以大典而搜校惟愼邵宏譽以實錄而編纂有聞武職則顧全武有長厚之稱鮑君福有忠壯之謚孫督僉膺首選而世薦戎科駱副總饒膂力而驟遷顯秩尚義則孫椿年之博達置庄賑援吳自然之

高誼積世助捐隱逸則客星焜燿於澄霄樵石流芳於巒巘徜徉湖山則楊子祥遯跡湖海則厲元吉菊磵之高尚鄭虁之淸佚孫介則終身不仕仲寧則屢徵不屈蔣澤之嘯咏自恬楊珂之夷曠鮮窒仲凱昭敦篤之風成器有祭忠之崩壽考則黃義貞之百五以篤學而好修孫西河之百五以業醫而惠流名書則元秉之蘭蕙與地萌符秀夫之葡萄眞天下少楊司空兼菊竹之優黃州守得山水之窔史一拙呂端俊竹籜咸精其趣黃九霄毛世濟菊卉各臻其妙孫伯泉怡情於繢素而美斯傳張仁卿寄興於丹靑而名斯燿是雖繪事之末技

可供文房之清類亦足垂芳似所當裱也若夫笄幃之屬輒有容德之隆瑋態瓌姿曾浣紗之色白操觚染翰豈若舞劍之氣雄警鷄鳴而授熊丸者世繁其遡赴曹江而誓栢舟者間有其逢如虞夫人則高筆雅韻莫淑人則律曉經通徐士女則鼓琴遺世孫夫人則隘詩訓僮戒子忠義虞孫之謚定廸允貴顯黄陸之功崇欺傲鬼魅毛潘之貞著泣誓鬼神馮鄭之譽隆吳姚之毆虎救舟陳董之刲股顴穹薛章之居樓定柩黄章之滅火反風韓黄操刃而劃檻任李經厠而沉澎黄周斷指而拒媒史陽祝髮而號空築墓集鳥骸高氏之感完印

溺井旌竇氏之忠泣語嫁晳服張婦之義禿首毀形憫醜妻之容鞠孤自完成謝汪之美撫姪自矢明孫祝之悰或焚篋而縊頸或散材而保躬或行孝以獲壽或樂儉以從終或姑媳而志合或娣姒而節同茀異操高行之流顯可易錄而造家裕後之懕黟難盡窮

案蔣公勤能撰姚邑賦自爲之注萬歷志謂其足稱私乘蓋備一邑之掌故不當論其文辭也其所引人物採用史傳及省府志書者今已載入列傳軼事足資談柄者採入叢談至寥寥數語不能作傳又不應附載叢談者如云王與準閉門力學不

求聞達有司以遺逸薦李向鄉人紀其陰德稱爲純篤君子蔣澤號鐵松以詩鳴天文雜術諸書靡不通曉孫西河業醫有聲年一百五歲呂端俊以畫竹名今畧見於此仿陳壽注輔臣之贊常璩存士女之名用爲考掌故者通其變例焉

記

海隄記　王安石

自雲柯而南有隄二萬八千尺截然令海水之潮汐不得冒其旁田者知縣事謝君爲之也始隄之成謝君以書屬予記其成之始曰使來者有考焉得卒任完之以

不褱謝君者陽夏人也字師厚景初其名也其先以文學稱天下而連世爲貴人至君遂以文學世其家其爲縣能不以材自負而忽其民之急方作隄時歲丁亥十一月也能親以身當風霜氛霧之毒以勉民作而除其災又能令其民翕然皆歡趨之而忘其役之勞遂不踰時以有成功其仁民之心效見於事如此亦可以已而猶自以爲未也又思有以告後之人令嗣續而完之以永其存善夫仁人長慮郤顧圖民之災如此其至其不可以無傳而後之君子考其傳而得其所以爲其亦不可以無思而異時予嘗以事至餘姚而君過予與予從

容言天下事君曰道之閎大隱寄聖人之所獨鼓萬物以然而皆莫知其所以然者蓋有所難知也其治政教令施爲之詳凡與人共而尤丁寧以急者其易知較然者也通塗川治田桑爲之隄防溝澮渠川以禦水旱之災而興學校屬其民人相與集禮樂其中以化服之此其尤丁寧以急而較然易知者也今世吏者其愚也固不知所爲而其所爲能者務出奇爲聲威以驚世震俗至或盡其力以事刀筆簿書之閒而已而反以爲古所爲尤丁寧以急者吾不暇以爲吾曾爲之而曾不足以爲之萬有一人爲之且不足以名於世而見謂材嘻其

可嘆也夫爲天下國家且百年而勝殘去殺之效則猶
未也其不出於當時予良以其言爲然旣而聞君之爲
縣其至則爲橋於江治學校以教養縣人之子弟旣而
又有隄之役於是又信其言之行而不予欺也已爲之
書其隄事因幷書其言終始而存之以告後之人慶歷
八年七月日記

海隄記　　　　　　樓鑰

餘姚爲紹興壯縣岸大海者八鄉分東西二部綿地一
百四十餘里舊有長隄蔽遮民田孝義龍泉雲柯三鄉
沙漲土高無風潮衝决之患開原東山蘭風梅川上林

五鄉閘有缺壞實爲民憂慶歷七年縣令謝景初自雲柯至於上林爲隄二萬八千尺王文公記之後百五十年爲慶元二年縣令施君宿又自上林而蘭風爲隄四萬二千尺其中石隄四所爲尺五千七百又其創建者也邑人求記於余謝之曰令君之功固倍諸前人前有文公之記何敢爲第二碑請不已則曰文公之文不可及姑記其實則可爾余外祖汪公思溫宣和中嘗爲是邑修燭溪之湖建承宣之亭後伯父琚從兄鉥皆嘗爲之婦家王氏自尚書侯而下四世寓邑中熟知海隄之爲害而近世尤甚大卒歲起六千夫役二十日計工一

十二萬費緡錢萬有五千民力不堪曾不足支一歲焉施君始至詢究利害得其要領選鄉豪公直强幹人所信附者十五人分地而共圖之尉曹趙君伯威復協力佽助務爲久計以蘇民瘼蓋在承平時提刑羅公適知縣秘書承牛君嘗伐石爲隄今計百年蕩在海塗乃按迹取之得其故石創業二千七百尺用工二十萬三百六十而東部之田始有蔽障西部之謝家塘王家塘和尚塘悉爲紹熙五年秋濤所决於是復度爲石隄三千尺鄉民趙明釋子行球董其役約費甚重縣不足供列於府監司提舉嘗平劉公誠之首助穀三百斛勉爲之

凡所陳請率應如響通守王公介幹辦公事王君柄左
右尤力令得展布而隄用告成其高一丈石厚一尺爲
一層用石三萬尺縣出緡錢四千三百有奇縣之士大
夫與其鄉人助工三百萬費尤未足也然則茲役亦甚
重大矣思其重大而慎於守護縣之官分季臨眂廟山
三山兩寨官月遣十兵巡之鄉豪仍伺察焉稍損鈌卽
白諸邑補治之復議刮上林海沙田二百三十畝及汝
仇湖外之地六百八十三畝桐樹廢湖七百四十五畝
凡爲田一千六十八畝又將益求廣土以足二千畝之
數築倉於縣酒務之西儲其歲入以備修隄之用歲省

重費民遂息肩而劉公復請諸朝乞以其田準常平法一毋他用仍禁官民戶之請天子輒報可吏民祗拜明命刻之堅珉竊惟令之宰劇縣者簿書期日不暇給如水利之政趨了目前始以辦問其至誠愛民而才智足以行之如施君者幾何人哉君湖之長興人司諫之子司諫用不盡其才君能世家其治縣百廢具興銖積寸纍以成是役中間易地之行咸恐敗於垂成及其來歸爲之愈力百年之害一日以除夫天下之事害不格則利不興今民困已甚吏以深長之思而興民庸賢部使建白甚明而聖明勤恤民隱遂濟登茲若有數然庸作

爲詩章使後人歌以守之俾勿壞其詩曰舜江之爲邑兮處越封八鄉瀕海兮水浴日而吞空古有長隄兮庸蔽遮乎一同人力有限兮海濤之來無窮濤來如山兮駕以颶風隄遂缺壞兮葦不可障而泥不可封民將爲魚兮民田墊於馮夷之宫歲歲勞費兮民告兮鞠凶萬五千之緡錢兮十二萬之民工惟令之賢而才兮有尉曹之和衷築土纍石兮折彼巨之衝矗如長城兮繞海南之西東部使者主之於上兮飛章徹於九重念明聖之恫矜兮朝奏而暮惟民欲之從墾田倍於千畝兮藏其收於廪中禁豪右之侵漁兮惟修隄之是供化斥鹵

兮土膏隆隆變歉歲兮爲年之豐民耜爰嬰兮多稼芃芃穫之積之兮將櫛比而墉崇惟後人之勉勉兮用心以公視此隄之缺兮謹顓顓而彌縫念經始之艱難兮徇圖功於厥終

海隄後記

樓鑰

景初治隄凡二萬八千尺王文公記之厥後增築視舊倍蓰隄或罅弊不堅受潮之齧隳僨頽圮甚則蕩析民田漂沒廬舍於是歲役夫六千人人役二十日率於農隙修築吏或苟且苴治不堅役罷隄壞徒耗財力慶元二年令施宿始因歲役革具就實既峻事則圖所以永

其存蓋東之爲雲柯梅川上林在承平時嘗有牛秘丞斲石爲隄歲久隄移石亦湮沒命工求之淤淖乃具得之爰相舊規畢力疊纍旣壯東偏矣西之爲蘭風東山特當濤勢衝突徒恃土隄懼不能久則又計工採石鼎新改築蓋爲費者八千緡而西偏石隄復立焉深維厥終俾民蠲役經營海塗開墾壙土總之得田千六百畝有奇乃建海隄倉用其租入隨時補葺力不下困隄亦固完自是歲省民夫千有二萬提舉常平劉誠之以事請於上報可而顯謨閣學士樓鑰爲之記

海隄記

陳　旅

餘姚北鎮大海其地曰蘭風東山開原孝義雲柯梅川上林者皆潮汐之所爭也當宋爲縣時慶歷七年知縣事謝景初自雲柯至上林爲隄二萬八千尺慶元二年知縣事施宿自上林至蘭風爲隄四萬二千餘尺中石隄四計五千七百尺餘盡累土耳施令以土累者易敗當毎歲勤民糜財乃請於其上之人置隄田二千畝以得於田者時其敗而治之而寶慶中民淪於海者殆百家土隄雖勤治不足恃也皇元陞餘姚爲州州視縣得展其所爲然未有能除民所甚病者蓋塘壖自寶慶內移大德以來復益衝潰今壖去舊涯之塹海中者十有

六里歲樋木籠竹納土石潮輒齧去之謝家塘南爲汝仇湖大將千頃餘支湖連之其大彊半州西北田悉受灌注海既迫湖奪爲廣斥而潮勢昂於平地鹹流入港遂達內江田失美溉故連歲弗穫而殫民力廢農工與風濤抗而卒不勝蓋四十年矣及元至元之四年四月方成隄六月復大壞紹興路總管府檄委州判葉君恒治之君視壞隄自開原至蘭風見凡土爲者皆闕惡慨然曰是則爲民乩也有窮已乎遂與其鄉老人議爲石隄宜則又曰攻石費鉅出錢大農當煩文書遲歲月比得請州其沼矣若等能與我共爲之乎今費雖鉅常歲

之費則省而若與子孫奠居無虞也聞者咸曰民志則然白於府府亦聽民所謂於是有田者願計畝出粟或輸其直以力至者亦喜於服役君屬民高年者與正於里者掌出納以率作又請於府免民他科徭以悉力是役宣閫亦下書册以他事使葉判官輒去州君先使人濬河渠復廢防畜湖水伐石於山以舟致之分衆作爲十有五所所有程督君往來莅之其法布杙爲之前後參錯杙長八尺盡入土中當其前行陷復木以承側石石與杙平乃以大石衡縱積疊而厚密其表隄上側置橫石若比櫛然又以碎石傳其裏而加土築之隄高下

視海地淺深深則丈餘淺則餘七尺長則爲尺二萬一千二百十又一也其中舊石塘之危且闕者亦皆治完之至正元年二月癸亥成是役也用民之力而民不知其勞賦民之粟而民不知以爲費往往喜而言曰餘姚自今其有州乎吾歲歲困於禦海自今其遂休乎因連石以治川澤遂得泜吾田浮吾舟乎州士楊瑛以教官選京師致其長老之言以求記葉君鄞人字敬常國子生釋褐授是官在成均時余忝師屬最相親能深知之天下之事蓋未有不可爲者不知所以爲又使人得以私欲而撓之是以爲之而難成也敬常清謹而詳練淸

謹則守嚴詳練則慮周慮周而守嚴則得其所以爲又無有能撓之者故於人所難成者而能成之餘姚以前代至今邑無用意於隄者而其迹泯矣數百年之久惟謝施二令與敬常之功稱焉而敬常所爲視二令蓋尤倍也則求世之能爲如敬常者邑不亦甚少哉余視其所以能者爲世道也敬常到州當大火後能佐其長舉百廢作譙門製刻漏起舜江樓新捕盗司廨舍以至申禁令典教化鋤奸抑强以保寧善良事多可記者而隄則其大云至正二年三月望日記

海隄記　　王沂

餘姚濱海之田歲塹潮汐判官葉君恒作石隄以捍之爲尺二萬一千二百十有一既告成而他土隄之差可緩而未甃以石者則所未暇也時宋公文瓚守紹興嘉葉君之功而恤其將代請浙江行省丞相及部使者俾得終其役而葉君謝事矣未幾完者都來代宋公因督完者都成之繼宋公之後者爲泰不華公其督成是役亦竊究心焉乃又作石隄三千一十有四尺總爲尺二萬四千二百二十有五自時以往民不病海而歲人倍他壤葉君之功於是乎大矣事有可繼君子繼之不必其肇於已若完者都豈非善繼者乎然則變因循以就

功效俾得展其才濟其志亦宋公泰不華公有以成之也然則政之廢舉其不繫乎人哉

海塘記　　江文爆

曩余佐治是州每歲二三月嶋人夫輦木石以修海隄民苦之余蓋從事於是亦不過修舊趨急以紓目前未有以大慰於民也今二十年自翰林復來是役之不復講也數年矣小民晏然得及時以勤業爲吏者無往來督責之勞葉君石隄之功於是里談家誦樹祠刻石而不能自已也嗚呼是可謂有功於州民者矣父老爲余言石隄既成昔之衝齧墊溺之處沙塗遂壅芘葦叢生

綿亘數十百里若有天助然亦異矣余既嘉葉君之功又自愧其不能及日與判官楊君及州之民巡行隄上視損缺罅漏者補而築之而立石州門之左以示來者庶幾久而不壞焉至正七年三月十五日記

姚江神燈記　朱一是

往余聞姚江有神燈以爲誕詢邑人曰有之四三月間始見東郊嶽廟爲盛余候其時與同輩往數數不獲遇廟僧曰天驟熱將雨遇矣余又候熱往日暝抵廟登山巔玉皇殿憑高俯眺忽見二燈冉冉從廟出若懸於足底回首四望俱有所見如晨星落落布野已漸稠密百

千萬億熠燿往來不可紀極矣有一燈獨行者有並攜二燈者有百什燈排列徐徐若官入出行鹵簿前導者有若二隊相值各分去者有相值若揖若語而別者有高擎者有下移者有置燈憩坐者有穿林踏險而行者有渡江者始渡若揭衣躊躇登岸則逖者其光或頹若有所礙或光動若庭燎或滅或復現或數燈合爲一或一分爲數或迎風疾行皺反向而熾或徐行則斂或駐則漸微或排列一線若星橋燈市或獨燃幽處若寒牕爇鐙熒熒然或高在山半若懸竿或出江開蘋葦中若漁火或遠或近在數十步內熟眎燈下若有二足影喁

喁若聞語聲而實無語余見燈聚處使人疾趨眎則無有其人回眎余所在反有之余不覺也至初更鐘鳴則盡滅嗚呼其神耶非耶以余所見洵神也然神之德盛塞天地貫古今無乎不在而必姚江必東郊必四三月必熱將見是豈神耶夫儒者探賾索隱採傳聞覽怪誌其疑或聚訟宜也余目所經見且久立凝睇而不知所由然求爲博物君子不其難耶抑誠有不可知者耶不可知則神矣余故詳述焉以資世之多聞者其年丙戌其月癸巳其日己卯同遊者爲年友湛俟子君進及客沈葉三君俞秀才咫顏余門下士

重造餘姚縣學文昌樓碑記　毛奇齡

隋志以文昌天府爲選舉之所自出故凡科目家多記文昌而特是幽禜所享端必假重欄複屋俾幽也而致於顯況魁南第四尤爲文命所昭融者乎吾姚學宮在縣治東偏曩時巽方原有文昌一樓趨於宮牆以爲故城阜隘是必翹然拔起足以標文巒之秀然後新城在前無所壅蔽而借乎址之跼而瀕乎圮也今韓君友松郤君東葵兼山輩擬擴故壂架以重樓而祠司命於其巔使文光四射曠遠無礙凡都講以下同隸學籍者各自捐膏火之資以共成煼烈豈非勝事或謂文昌宮星

未列祀典且非預宫官祭所必及然而周禮以槱燎祠司中司命而王制祭法皆以司命爲五祀之一夫五祀則士大夫所有事也不讀九歌乎登九天兮爲民正夫欲藉登進以啟崇隆而不於司命九天之登加之意焉非所聞矣因於落成之際書其事而記諸石

序

送高節書院劉山長序　　郴貫

尚論兩漢之士必曰經術名節自公孫宏至張禹孔光之流皆以經術致位宰相而持禄保位未免阿諛之譏不有名節孰矯其失名節則嚴子陵實倡之也迄今千

三百年其故居及所釣遊處猶爲之立祠即其旁置書院而奉之以釋奠先師之禮其有功於名教大矣古之先師詩有毛公書有伏生禮有高堂生樂有制氏初不以其賢奉其傳則祭其人示有所本云爾唐制孔子廟由顔子而下爲先師者二十二人有毛公伏生高堂生而無制氏詩書禮存而樂亡也孔門高弟惟顔子子夏爲先師子夏詩有序易有傳顔子非有遺書可傳而以配於先聖其後復列子夏於十哲而獨推顔子詎不曰講習其言未若儀型其德乎今之道學一出於濂洛乾淳三數大儒此學者之先師也既立其書於學宮而躋

之從祀矣其爲書院又取前史所載高人逸士若子陵者以爲先師子陵止答侯覇兩語它議論則寂無聞世特以其賢而尊之夫道一而已發於文則爲經術修於行則爲名節豈若百家人自爲學莫適相通乎建陽劉生仲寶以遜著餘姚之高節書院山長餘姚子陵所居也予聞仲寶之先少師文簡公受業考亭讀論語至予欲無言喟然而嘆謂言語非所以學由是一意務爲躬行實踐其出處雖與子陵殊而修名峻節視子陵可無愧仲寶家庭之傳必有與乎以呻吟佔畢爲事者諸生在列仲寶進則風勵之儀型前哲退則以家學使

而講習焉不亦善乎仲實之行也同志之士臨别贈言凡若干篇京兆杜君伯原甫實序之及來錢塘復求予爲後序杜君隱居武夷山中聘使在門而不爲起誠善學孟子陵者試以予言質之何如

餘姚縣志序　沈應文

夫志之不可以已也非獨備文獻而垂來兹即長民者匪是胡以驗治維風相土阜利不幾擿埴索塗冥行無當哉故巡閭而問俗不如案籍之核也更駕而度地不如披圖之便也邑舊有志顧志不能不與時遷變也故者更始亡者開先艮有司事也歲辛丑金沙史侯來莅

茲土甫逾月百廢具興已乃蒐於故實圖新之則前署
事郡理孫公業有請矣侯復詢謀諸博士上之監司郡
國咸報可以屬不佞應文偕給諫楊公文煥一時同事
編摩者爲孝廉邵君圭葉君憲祖而採摭則諸生翁大
端邵應祺朱文輝分任之凡閱七月而志成不佞宜有
言次首簡自惟寡昧操觚見域邱里其所論著既已遠
愧三都猶自以身爲元晏乎雖然有諸君子在聊以告
成事而已夫邑之志不猶乎國之史哉晉楚大矣而春
秋以魯特聞詎魯足重以魯人重也不佞姚人也安所
重姚粤自句踐之困會稽也與其大夫種蠡之徒侯天

察地厲卒廣儲無日不討國人而訓之二十年遂以沼吳而威列國則越之重於天下舊矣姚非越首邑歟此偏霸不足術也遠睇郊垌則有虞氏之故墟在焉周覽城邑則夏后氏之遺文闕焉俗漸而順民化而勤則猶有上古之風焉扶九鼎於一絲北鄙客星嵬然入望高風亮節猶令人想見矣明興二百餘年名世迭生真儒挺出或司鼎鉉以宏化而光輔三朝或揭良知以明宗而大鹿交喪至砥節逆藩殞軀粵寇忠貫日月義炳丹青夫非此邦之人哉山川無恙也土方氏之職貢非減也而風俗移人大有逕庭矣設輶軒使者如昔賢問士

於功曹安所置對乎夫孔子嘆周末文勝而有先進之思他日又曰斯民三代之所以直道而行也今章縫冠帶之倫閭巷韋布之士誰非食舊德服先疇者豈其以直道而今古之張侯則決拾者趨立表則期集者赴盍溫陵黃侯繼至殺青始就而憲使宣城葉公紀綱於工實式靈之葉公蓋前令余邑者也分校則學博錢君允選蔣君霑錢君榮而佐領朱君應颺程君尚友林君雲程皆與有襄事之勞者例得並書

餘姚縣志序

康如璉

一時之風教責之令千百年之風教係之志稽古周官

之載太史採風小史掌邦國之義而職方訓方形方名有專官以考乎輿圖正其疆域迨秦氏郡縣其民法制龎雜厥後史臣載筆往往撮要提綱而分源滙流於是郡有乘邑有志則志也者不特一邑之建置沿革山川形勝以及田賦物產之繁賾使千百世後覯之者於盛衰利弊之所存較若列眉即其時官方人物所爲忠孝節義立意較然者皆得有所托以傳焉而廉頑立懦則信乎風教之淵源所宜亟引之而長也余向令甘亭軍旅倥傯之後羽書方息即事於志竭厥成書兹者令姚復餘二年夫姚之志癸亥開前李令嘗修之迄於今雖

川原如故風土依然然未十年而殘闕失次者已不但魯魚豕亥之感則數千百年閒忠臣孝子義夫節婦其潛德之幽光必多失於斷簡殘編更數十年而雲散鳥沒誰復知之者將賢者無以作之型不肖者無以感而化風教不振非長吏之責而誰責耶且姚之民秀中而惠外忠孝廉節代不絕書即江河下矣聰明不用於詩書愚朴不安於耕鑿而王錢孫謝之遺風未嘗不可一變以至道況幸生熙洽之代其有不立田孝弟復其古處者乎然而鼓鐘後進續前修以引之使長者則令事也余嘗初至即欲纂修乃簿書期會焦勞未遑而今秋

絶古之水患相尋而至漂人畜壞田廬鳩形鵠面仰屋哀號者浹年未已且捐賑請賑日不遑食也嗚呼此非復向者甘亭時矣追志是問哉幸

聖天子南巡諄諄以敦本爲諭而督撫各憲澄清吏治與民觀化府憲又教養兼施於是連歲豐穰民樂而吏亦閒也余乃思曰風移俗易其此時乎顧余令也前有令閒而軼其跡後有好修而無與傳一時千古余敢忘之用是冒暑披襟取舊志手自編摩一切事蹟之在舊者補殘序軼人物之在近者勿濫勿遺三月告成付之梨棗匪徒以塞責也蓋庶幾與吾民觀德化之成以爲

風敎永長之助云爾

案元明文集爲餘姚人撰軒亭園囿之記投贈送行之序多傳於世今惟錄其有關一邑之大事者餘悉不載

餘姚志卷三十八

知餘姚縣事唐若瀛修

墳墓

〈漢〉徵士嚴光墓　在縣東北十里陳山乾道中史浩鎮越始告縣表墓道置田長吏以時奉嘗寶慶會稽續志

自華清泉左數百步又躡而上登復數百步岡平壟合左顧右旋東望山凹處如吻仰張狀凹外隱隱見海是先生墓所故有題石曰漢嚴光墓唐人筆也後泐明正德八年府同知屈銓復立石鐫曰漢徵士嚴光之墓古今圖書集成

〔宋〕史浩嚴先生墓詩〕玉匣蛟龍已草萊一邱馬鬣尚封培雲臺若也表名姓千古誰知有釣臺〔陳允平嚴墓詩〕山高石怪水泠泠三尺孤墳葬客星遥想陵原松檜色曉烟昏雨爲誰青〔明〕唐之淳嚴子陵墓詩〕皇天厭新亂炎劉嘘復然天子吾故人不事何其賢維此一抔土體魄之所存清風激岩谷勁氣出蕭蘭中有高空雲日夕相盤旋化爲千尺草下飲清泠淵爲霖既靡試翻身入長烟我見重再拜毛髮凛冲冠緬懷東京日惕然思執鞭

日南太守虞國墓　在雙鴈鄉浙江通志

〔吳〕騎都尉虞翻墓　在鳳亭鄉羅壁山下古今圖書集成

〔唐〕學士汪亮墓　在四明山石井山浙江通志

〔宋〕秀王趙伯圭墓　在從山秀王孝宗本生父家餘姚而葬焉浙江通志

元陳綱謁秀王墓詩過秀王陵墓此山巔古寺荒涼道
道邊花礎蛇龍蟠夜月蘚碑麟鳳泣秋烟刧灰不泯
三千界香火今餘二百年頭白
老僧言歷歷逢人揮淚佛燈前

徽猷閣待制陳橐墓　在通德鄉化安山浙江通志

德興丞胡宗汲墓　在翁湖山舊志

禮部尚書謚獻肅胡沂墓　在龍泉鄉燭溪湖之澄溪方輿路程考畧

尚書孫松年墓　在澄溪紹興府志

知溫州莫子純墓　在烏戎山浙江通志

中書舍人王鉌墓　在雙鳫鄉橫溪舊志

通直郎王鎮墓　在樂安山舊志

餘姚尉楊襲璋墓　在開元鄉舊志

知常熟縣孫應時墓　在游源竹山浙江通志

將仕郎莫當墓　在菁江古今圖書集成

資政殿學士謚莊簡李光墓　在姜山方輿路程考畧

侍郎倪思墓　在賀溪萬歷舊志

案倪文節墓見萬歷志而湖州府志云在烏程縣西北一十五里未知何據

侍郎胡衛墓　在吳山孫舉舊志

處士高翥墓　在孤山後談家山武林舊事

知府趙彥駉墓　在鳳亭鄉舊志

知府趙師龍墓　在石堰舊志

轉運使趙善譽墓　在龍泉山舊志

尚書王俁墓　在冶山鄉浙江通志

大理卿毛遇順墓　在淳熙嶺浙江通志

太尉韋璞墓　在通德鄉八堡畈舊志

建康節推趙懷英墓　在通德鄉福泉山舊志

秘書郎岑全墓　在上林鄉古嶺萬歷舊志

史學士巘之墓　在燭溪湖梅梁山浙江通志

古今圖書集成石柱及石門石香亭尚存石柱遠在山外臨溪水方輿路程考畧巘之爲資政殿學士舊縣志書史丞相者非

修職郎孫一元墓　在四明山金鷄山赤水原舊志

太常卿孫子秀墓　在四明鄉浙江通志

統領陳升墓　在汝仇湖赤嶺舊志

（元）教諭黃叔英墓　在游原竹山舊志

案黃叔英墓舊府志作上竺山今據黃文獻所撰墓志銘改正

知餘姚州汪文璟墓　在東山夏公嶴萬歷舊志

（明）滑浩詩謝傳登臨後何人占此峯荒頹遺廟在冷落野芹供巖石蟠螭惟溪泉瀉玉淙賢哉州太守片石亦苔封

學録岑賢孫墓　在金家岙舊志

知州李恭墓　在燭溪山栲栳峯舊志

處士岑安卿墓　在上林鄉包嶴方輿路程考畧

教授岑翔龍墓　在上林鄉石嶴舊志

胡景莊胡秉義墓　在游源山西園萬歷舊志

餘姚州判黄茂墓　在通德鄉太白浦舊志

學正楊燧墓　在梅川鄉匡阜南山萬歷舊志

明

瓊山教諭趙謙墓　在塢山萬歷舊志

參議王綱墓　在禾山萬歷舊志

參政錢古訓墓　在客星山萬歷舊志

刑部侍郎劉季篪墓　在豐山舊志

于家大墓　在治西南隅舊浙江省志

古今圖書集成在山川壇之右于忠肅祖墓也忠肅之先家餘姚父老猶能識其處後自姚徙杭姚之里正歲科督之厲甚不能堪乃籍於錢塘明正統初始除餘姚之籍自是以姚爲諱而墓尚存焉

御史潘楷墓　在黃山舊志

太常少卿陳贄墓　在風篁嶺龍井山之原子右通政嘉猷祔萬歷杭州府志

工部侍郎嚴時泰墓　時泰正德辛未進士歷官四川巡撫有征蠻功進侍郎葬於上天竺東偏西湖志

廣東按察使諡忠襄毛吉墓　在豐山浙江通志

叅議牧相墓　在余山方輿路程考略

鄖陽巡撫胡東阜墓　在方岡山　浙江通志

知府倪宗正墓　在羅壁山　萬歷舊志

大學士謚文正謝遷墓　在杏山　浙江通志

〔宋〕希周墓志銘　於赫孝皇勵精圖治爰擇良相股肱是倚其相惟何太傅謝公公以舊學簡在帝衷言聽計從膏澤斯沛爰俾蒼生咸受其賜雍容廟堂不動聲色四海奠安國有柱石惟帝聖明惟公忠貞上下交孚至治乃成乞膺顧命以佐武宗鞠躬盡瘁隨事納忠權奸竊柄事多掣肘見幾而作乃釋重負徜徉丘壑二十餘年不怨不尤惟命之安今皇求舊思公如渴名命是承敦勸何切公感殊遇慨然而興上方傾心以任老成公曰耄矣安能久處三月而歸浩然莫沮其出何爲臣子之義曷適其歸止足之志公歸於家子孫滿前迄於五世爲曾爲元既壽且樂含笑而終百齡脩享古今罕同帝念耆德錫之美謚高年涑水厥名可配象賢濟美矧有後人公雖云亡慶澤斯存杏山之麓公所遊老居斯葬斯萬世永保

尚書謚文僖黃珣墓　在彭山浙江通志

侍郎史琳墓　在玉泉山浙江通志

李東陽撰墓志銘有偉一人生南東長軀廣額聲洪鐘蚤占骨相非凡肅淵水不死驚群童殿前射策回重瞳諫垣殿沃開宸聽闢閩楚地三藩雄力折强暴蘇疲癃手摻憲節巡畿封入貳邦土官冬工豸冠象簡東青驄出門按劍氣如虹部曲百萬皆貔熊三邊四顧多狼烽鄉校夜搗穹廬空五年再出威權同北走上谷西雲中胡來如雲去如風公歸獻捷明光宫臺評廟議坐雍容武戢不用文治隆扶搖萬里方上中六月一息何匆匆稽山鏡水精靈鍾公往歸之可長終神無不之感必通或者尚在燕然峯

鄖陽巡撫宋冕墓　在滸塘山舊志

侍郎謝丕墓　在東山余季墩舊志

陳啟邕過謝侍郎墓詩巍然雙柱揷秋雲木落烏啼不盡時余季千年留隱蹟行人只說侍郎墳

太僕寺卿胡鐸墓　在東山南麓 浙江通志

尚書陳雍墓　在蓮花峯 舊志

葉向高神道碑銘 有嬀育姜其繇八世莫之與京公家眉山亦越九葉始躋正卿乾乾明經如岩抵璞剖乃連城冬官之屬疏瑱佽司亦孫始剛攻服三尺裹情與法廷中稱平於甸於宣於彼二湘彭蠡是營爰及晉粵中州鬼方莫不頌聲寺人煽虐公剪其類城社淑清大疑大獄衆曰須公公則神明惟彼助襄三藩錯壞將吏來迎公以節往恤其災患除其蟠螟帝宮需材汝作司空伐木丁丁既名乃遷皤然止足稽首乞身帝曰汝歸二水三山佚汝頹齡公歸盍決稽峯翔鵠鑑湖潛鱗有斐君子寬兮綽兮會弁如星龍蛇何年化鶴騎箕奪我典型惟帝震悼秩宗遣祭葬取水衡行天歸土爲眞爲幻其孰能名蓮花峯阡衕彼禹穴元圭乞靈石簣千虹我銘勒之萬祀無斁

江西巡撫謚忠烈孫燧墓　在慈溪龍山 浙江通志

楊一清撰墓志銘奸鈇逆冄搏以噬人戕一義士衆起蹵其身彼寧之孽狂狡不仁肆其鷙猛橫不可馴上帝曰吁哀此下民我有憲臣於俯於循民曰公來公亨我屯彼狂公仇日怒目以瞋陽呶陰摭公耳不聞既綏我坻亦治我軍手提三尺以截奔鯨斮其梟鷙肉釜其勍兕翼則剪負嵎虎未攖天厭厥惡貫盈常變稱兵向闕敢覬神器露刃脅公稱有密旨天無二日爾往曷以我頭可斷我節不可毁幸吾之存爲賊以死黑雲蔽天賊氣始虓忸彼苞枿勿曰對矣義旗一振根壓幹靡腐澌汛滅其報則廖公仇弗雪伊國人之恥帝褒忠烈世廕其子稽行易名棠棠廟記龍山峨峨燭湖瀰瀰公生有涯澤流無涘

新建伯謚文成王守仁墓　在會稽蘭亭山　浙江通志

湛若水撰墓誌故友新建伯陽明王先生之子正億以其舅久菴黃公之狀及書來請銘狀述其詳吾誌其大吾又何辭先生生有神授初溺於任俠再溺於騎射三溺於詞章四溺於神仙五溺於佛氏正德丙寅始歸正於聖賢之學會甘泉子於京師相與定交而講學焉先生初仕郎疏邊務陳時政闕失擢刑部

寀因淮甸起補兵部上疏觸劉瑾廷杖不死謫龍場驛丞端居默坐夷人自化累擢吏部驗封司益務講學及爲南贛巡撫寧府變作先生幾陷於虎口而能倡義檄諸遠近起兵會於豐城誓師分守七門遂除留守之黨封府庫之財收劫取之印安脅從之民釋被執之囚表死難之忠據省城絕其歸路直趨樵舍遂擒宸濠既而大吏媢嫉內幸爭功者附焉展轉殫力僅乃得免歸家四方從學者益衆忌者以爲僞學六年不名後起爲兩廣總督威信大孚神武不殺仁與義兩得之者也先生卒於道四方同志曰斯文其喪矣甘泉子曰吾誌其大者將使觀厥詳於狀也

尚書魏有本墓　在鳳亭方家嶴舊志

郎武同知諸燮墓　在白鶴峯下舊浙江通志

應天巡撫陳克宅墓　在雲樓鄉陸家園浙江通志

光祿卿陳煥墓　在姥嶺舊志

刑部侍郎顧遂墓　在烏戍山浙江通志

刑部員外郎錢德洪墓　在勝歸山浙江通志

〔徐階撰墓志銘〕穆穆武王傳世十九篤生緒山光前裕後生本乎祖無美弗彰成我惟師乃服其喪蜚英甲科司敎執法化行訟平顧罹顛蹶欣然解組歸事二親講學明道以淑浙人彼蒼者天高不可問既豐其才大位何靳公庭有子王家之賓未究厥用待此而伸人字之岡佳城鬱鬱勒詞貞珉千禩彌吉

侍郎楊大章墓　在羅壁山舊志

工部侍郎龔輝墓　在四明山上莊舊志

大學士謚文安呂本墓　在姜山舊志

禮部尚書謚文恪孫陞墓　在燭溪湖月山方輿路程考畧

〔徐階撰墓志銘〕奕奕龍山姚江之濱儲精炳靈是生哲人維是哲人世其忠孝曰君制義曰父有教衆所

競慕耳若不聞矩步繩趨左右典墳日修其身以對
君父不出戶庭望隆公輔夔卜猶稽澁焉云亡有用
弗竟識者之傷惟彼淵泉或流或止澤被於物其
究均爾我銘公行百世有師用之竟耶其在於兹

刑部尚書謚端肅趙錦墓　在會稽蘭亭婁家塢浙江通志

侍郎張岳墓　在碩穀山紹興府志

〔沈明臣撰墓志銘〕世人皆汶汶沒於利而公獨不以
利湣世人皆蹺蹺屈於勢而公獨不以勢侵矯英稜
披拂摯鷙風雲之上而耻與俗彛是山川之特造化
之雋古也非今使公載者載考載願載葆元氣其斟
晷短業韜夜沉沉
我銘其幽懷夙欽

尚書謚文僖陳雍墓　在慈溪龍山舊志

兵部尚書翁大立墓　在大黃山舊志

（田樂撰墓志銘）龍山横翠舜水汪洋篤生名世岳降之祥才猷四達非遲一疆範型中土桃李門墻蘭臺司計樹滋豫章南國保釐化日舒長龍隆虎馴妖獸輸粲德崇陰隲神鬼共襄澤施梓里浩接混茫清名自守綠野貽堂宜爾壽考朝野垂芳兆賚朱符遂返帝鄉安兹元魂鳳山之陽江逵若帶厥士孔良九原膴膴卜世彌昌

祭酒胡正蒙墓　在慈溪鐘家門山舊志

吏部尚書謚清簡孫鑨墓　在山陰梅山浙江通志

（趙南星撰墓志銘）忠烈之後宜其丕與卿相茂也至人爲微上古之士絪懷大庭人有惡心除之則貞性道合一匪害之行人孰無機去之則誠物我同觀鷗鳥可從閉修强學非以立名敢敢穆穆無可與爭芝耀其華蘭播其馨世之君子未可同稱薄遊從凡惟化是乘卑跡尊近其儀有恒忠義内激洪河可馮相臣質雖大則弗容博遴天官非力克勝樂其平易不知而肅統均失官極於江陵守正爲侮孅趁所形大

計羣吏詔子營營撓國乞免而曾莫聽黃閹愧恥昔
重今輕及其餘耦殫力以抨皇天未怒晴日雷霆三
郄鈎羅鴻飛高冥正直發憤罔不怦怦貶逐不已有
耳如荼公歸逾年往依先壟卹録隆厚孰好孰憎哀
哉若人遭際聖明放逐律魁破毀太平爰至今茲禍
亂遂成喑醷須臾有譽斯榮厥惟幸哉伊余之生得
所歸依退遂咸并世逾二紀五黨彫零癸巳之事可
爲沾纓傳信無人惇史焉憑余七十二性命未傾天
實留之俾
勒此銘

禮部侍郎孫鋌墓　在燭溪湖　孫氏世乘

張四維撰墓志銘　代運熙明是生哲士家慶載昌衍
維材子荃梧鳳栖茁葭麟止天人可徵物理固爾矯
矯維公身都具美承家以孝華國有煒維祖有烈曰
紹厥趾維考有文曰遵厥軌紬旃講道百辟傾耳三
代柄風雨朝信史方引厥緒未究厥指天意謂何中
道遽已膴膴祟阡寶幢之阜公神在天體魄藏此松
檜相望祖考具邇永
利嗣人千年萬祀

兵部尚書孫鑛墓　在燭溪湖浙江通志

刑部侍郎邵陛墓　在竪粒山萬歷舊志

孫如游撰墓志銘傳陵世德傳漢卿嘉名懋績前相望公承燕翼起顛頡頏揚華掞藻陳玉堂柱文惠後爛有光驄節所至民悅康聖朝官守有典常何八戀位父不葬一時敦迫何披倡公獨正色持臺綱鸞鷟不與羣鴉翔彝倫攸叙名教彰旋開幕府臨湖湘薙姦龕暴奠厥疆帝曰汝嘉晉列卿秋官掌柄宜愷祥騎箕遽見還璚閶四明之陽此歸藏蔚然翠栢疑崇岡

贈光祿卿孫如法墓　在山陰鳳凰山紹興府志

陳繼儒撰墓志銘孫公身不滿六尺官不過六品而延儲一疏氣雄萬夫前星頓耀旭日全扶忠諫格天特咈爲都其儷隨之若皷答桴陵谷不改名譽不磨此何以故是骨鯁奏而貶潮陽其昌黎韓子之徒乎

吏部尚書沈應文墓　在黃山姚江文獻

〔姜逢元撰墓志銘〕公之始生天錫之兆爲文信公所不同者公不相耳際時則隆兩理名郡南銓嶽嶽如百尺桐迴翔楚粤臬陳藩防京兆作蝝明懸卿月縮篆兩省司寇司空犀才駿譽出則威鳳處則冥鴻載命曰芊留都獎吏上格宸衷歸而鍵戶著書廸允厥後顯融其德孔碩其年大耋其祚靡窮爲朝柱礎爲鄉干櫓一代宗工伯雖踵逝仲季夾翼諸孫羽翀完名脩典羽儀聖世詎信公同不塞不墜樹阡及禰蘭水之東詔後茲者銘詩予勒以賁元宮

吏部尚書諡恭介陳有年墓　在黃山方輿路程考畧

大學士諡文恭孫如游墓　在燭溪湖舊志

贈太僕卿諡忠端黃尊素墓　在化安山浙江通志

〔文震孟撰神道碑銘〕常侍黨錮漢用以亡本朝宦者亦累倡狂亦有黨人盛於神皇未嘗合併故世祚以長熹宗之初厝火伏漿內則奄媼外則元黃兩者欲合聯昧未彰於惟黃公憂來無方惕號同志戒其用

剛勿敢內爭化奸爲艮奈何君子覩聽茫茫盲風惡浪敵起艅艎抱薪救火佐鬭逢僵黨禍奄禍遂使相將頌公勸進於莽有光百爾君子寄命鋃鐺吁嗟黃公血染朝裳不以智免不以勇傷碧化明山濤湧錢塘帝曰忠臣三錫龍章千秋萬世下馬傍徨

左副都御史謚忠愍施邦曜墓　在大黃山　方輿路程考畧

〔黃道周撰墓志銘〕四明巍嶽蹈古砥俗遇煩能斷當軏不辱治郡之才逾於趙張使總雄職厥有紀綱初懷悄悃終則無悶天傾難支驥老益奮呼司馬而批中貴首恨不秉鉞削此亂醜亟言藎棺風雷生哀鳴呼萬年其誰不懷

大學士孫嘉績墓　在燭溪湖

〔毛奇齡撰墓志銘〕古族氏稱金張惟世德袁與楊三公禪皆貞艮盟王府紀太常國恩在誰報將公之典以職方斥閹豎清軍防贈緍絲經受黃用未既國已創傾大厦扶修朿雖昧時不自量謂車轢可臂當顧

其心猶可諒鹿逐秦犬吠唐聖浩蕩能恕狂不觀漢
釋蒯通乃數盡孤臣亡蹈海死亦可傷彼殮者洲之
旁所與居毀首張翳鬼物知興喪今來歸瘞舊疆
燭湖水何泱泱公之魂翔以行但假此留公忠

大學士熊如霖衣冠墓　在水閣洲

國朝

遺獻黃宗羲墓　在化安山

李暾種梅黃梨州先生墓上詩　栽遍梅花十載心蹉
跎不覺到而今忙歸西子湖頭展來聽南雷樹上禽
觸路衣霑青草濕負擲于種白雲深
千年碑碣傳高節不獨孤山處士林

按世傳宋任伯雨墓在何師公嶺伯雨眉山人以
抗論忤曾布入黨籍編管通州再徙昌化謂後隱
餘姚張文華以女妻之遂家麟山今子孫猶聚族

其下初葬荷花原明洪武中建衛城乃改葬於斯
然史言伯雨宣和初始歸卒年七十三不載墓在
餘姚姑存之以俟考核

餘姚志卷三十九

知餘姚縣事唐若瀛修

廟觀

東嶽廟　在縣東三里政和四年知縣廖天覺通直郎顧復幾等舍廟基嘉泰會稽志建炎間燬市舶使史應炎移建今址爲邑迎春之所舊志

舜帝廟　在雲柯鄉歷山康熙十年知縣潘雲桂重修舊志

（宋）林景熙詩老斷蕭絃萬壑幽三千年事水空流袞衣剝落星辰古野廟淒涼鹿豕秋孝友風微惟古井

神明胄冷尚荒邱九疑回首
孤雲遠老眼班班楚竹愁

禹廟　在縣西北東山嶼方輿路程考畧

〔明〕楊鑑詩省方曾説狩南州親向塗山會列侯翠輦陰濃微雨集元壇秋冷濕雲浮萬邦黎庶安溝洫千古椒漿奠冕旒遺像豈應空谷裏田翁野簌薦時羞

漢高帝廟　在白山古今圖書集成

張僊廟　在南湫舊志

緒山廟　在龍泉山後廢遂移建於西門月城內康熙九年復徙龍泉山舊址浙江通志

〔宋〕李琢記有祝史黄廷獻來告曰餘姚縣緒山祠祀典於東晉咸寧暨本朝崇寧閒徽廟一夕夢禁中火有神人撲滅已而致恭曰臣越之餘姚緒山神也黎明有司不謹燬及內庭得暴雨乃已上驚異有旨下

本道搜求靈迹宛然邑上其事勅加威寧應夢之號宣和方臘之亂二浙擾動綠林數千起剡中椎歛鄰將及境人情洶洶有異雲截道若不可進衆覩雲中鬼神兵幟可駭皆褫魄遁去至是安堵乾道三年王牒趙彥仁緯與邑耆艾有事祠下覩棟宇敧仄而像設湮闇風雨鳥鼠之所穿漏相顧嘆息發心裒貲爲倡俾和者成之凡錢貨工財之委應期皆至裒於春成於夏功不勞而廟貌一新嘉其始於克成卒相有休況於巖邑之鎮每事必禱頻歲以來陰霽時若疵癘潛伏生物豐厚而民獲奠居也自東晉以來歷千百禩神之靈既在天陰覆而顯相者可謂盛矣余嘗祈請屢獲響報望乎鬱蒼之休嶒嶮之居鞭霆駕雨神職是柄疇所禽奉罔敢弗從是用揭其威德曜于金石採諸謡語綴成頌歌使巫覡修祀之次婆娑按節以歌之則神之休光民之歸嚮盡善盡美不不無窮其可誣也歌曰山迷茫兮日曛水瀠蕩兮奔雲牲鮮肥兮酒齊奉元醒兮靈君初獻歲有秋兮多穰物茂遂兮時康民何報兮嘉惠薦時修兮芬薌亞獻坎侯作兮嚶嚶靈晏娛兮將與鳥鳶下兮人散月皛皛兮中庭終獻

保慶寧邦王廟　隋大業中有孔大夫者爲陳杲仁裨將討東陽賊婁世幹案康志誤作世翰降之唐光化二年吳越武肅王上其事封惠人侯加封今額永樂紹興府志

廟舊在縣江南之東紹興五年知縣事朝奉郎陳時舉因江南數有火災徙在縣南門之側去縣八十步自此火不復作乾道九年知縣事宣議郎劉觀顧重修嘉泰會稽志

南雷瑞應王廟　在雙鴈鄉晉咸寧開建舊在大小雷山爲溪流所壞徙於今所去雷山三里宋熙寧開歲旱知縣林廸禱之有蛇見於水杪甘霖隨至其後遇禱蛇

見郎雨賜額孚應浙江通志

（元修廟記）至正六年夏五月不雨土田暵乾農夫告病餘姚守汪侯辰艮與其監州帖侯上溫同知海君朝宗李君誠齋判官張君彥恭楊君嗣宗以及官屬議於庭曰吾守茲土時値歲旱民用愁苦其咎在吏吾不可不爲民請按州志四明之山有北麓於州爲南山曰大雷小雷其神爲南雷之神起晉咸康開得祠祀南有大樹數百圍空中可容數十人下窪爲微泉泠然居人或見異蛇緣上天必雨謂爲龍云凡民有災沴妖孽旱蝗水澇之災禱之無不應宋宣和閒羣盜方臘寇縣民號於神賊且至毒蜂徧野賊懼而遁神數爲民禦捍災患連著顯績宋嘉定初勑賜廟額曰顯應實爲大神五月丁亥率官屬畢出請禱還及州而雨終日民猶以爲未足丙申守自往禱屏車御蓋叩頭自稱無狀願爲民請禍人爲卜曰神嘉守意今雨且大至是日天無雲赤日赫然頃之雷雨作雨三日而後止甌婁汙邪皆生美禾是歲爲有年民甚德守乃曰非守之仁不能動神非神之明不能致雨今祠撓弗葺何名報神我將修樹祠廟刻石於門

以昭神功且以彰守之仁衆皆曰然訖成因屬余記余曰夫守任之重也上以事神下以保民事神者不瀆保民者不纍不纍仁也不瀆敬也敬且仁以禱於神神下報之不終日天遠仁乎哉天遠仁乎哉故余用民之請辭以銘其麗牲之石使覩無極銘曰餘勾中閒四明最大維北有麓靈如雲會其川雷山其神南雷珍木青煒樹羽翠旗龍來蛇蜒雲符雨徵秀含靈嶽陰覆青櫺僊闕蔽日雄峯造天璿房藹苕碧樓嬋嫒神君來侯霓裳螭鴐夾其兩驂簫雲上下徒御控搏雨在其橐玉虎流珍滿盈交作雨我百穀薦歲屢豐於皇加錫下報龍工姚有仁侯亟爲民請事神有脩操澤之柄施行大田美稼如雲首薦粢盛惟以報神

石頭廟　在治西二里舊志

助海侯廟　在縣江北二百三十步地名鄧家隩以其有功海上故邑人祀之嘉泰會稽志

正順忠祐靈濟昭烈王廟　即廣德軍祠山張王神也　在縣西二百六十步慶元四年建嘉泰會稽志

謝安廟　在治西北之東鄉紹興府志

蕭帝廟　在縣江南之東南五里竹山嘉泰會稽志

梁武帝廟　在縣東七十里上林湖嘉泰會稽志

勝歸山廟　祀晉劉牢之其後即爲禪院紹興府志

越國公廟　在四明山汪巷唐乾符間翰林學士汪亮建以祀其祖華嘉靖十九年裔孫汪惇汪克章重修舊志

丁將軍廟　在縣東北冶山鄉嘉泰會稽志

斷塘廟 在治西北六十里蘭風鄉祀唐御帶糸憲保

四勿祠 在蘭風鄉祀宋侍御史蔣峴有司春秋祭

倪文節祠 在城西北隅祀宋侍郎倪思

龍泉寺 在龍泉山晉咸康二年建唐會昌五年廢大

立五年重建咸通二年賜今額宋建炎間燬高宗南

巡幸龍山賜金重建元至元十三年燬元貞改元重

建有彌陀閣千佛閣蟠龍閣羅漢院上方寺中元院

東西禪院鎮國院喚仙亭更好亭龍泉亭今所存惟

山門大雄殿中天閣三官堂羅漢院址殿爲習儀之

所 紹興府志

唐虞世南碑　昔軒轅之臺表於太荒之野靈光之殿存乎曲阜之鄉然皆起滅不停苦空無我遺風餘跡尚或可觀況乎佛刹淨居金剛福地百靈之所扶持宜其踰億刼以永存歷三災而彌固者也龍泉寺者晉咸康二年縣民王陽及虞宏實等之所建立二人以宿植之良因修未來之勝果爰舍淨財與斯福事雖宏壯未及而嚴淨有餘其地勢則憑峻嶺以爲墉縈長江其如帶乃於形勝之所式建方墳背爐面流亭然孤立譬崑峯之望竘澤若圓嶠之汎滄溟棲眞之致莫與爲儔道場之建於茲二百年矣值梁室版蕩大盜潛移四海沸騰九彝交亂其壯騎之所憑陵戰馬之所轥轢燎原薙草邑無噍遺玉堂金穴餘搆莫存甲第高門尺椽皆盡浙河之左九鍾其弊於時禹川殷阜舉袂成幃雲棟風櫺雕甍綺閣皆蕪漫瀦蕩萬不一存潤屋爲墟暴骸如莽家靡餘爨路無行跡惟此伽藍巋然不動清梵夜響和鈴旦揚行人宴嘿風塵無警或有履鋒介上彎弧劍客莫不釋戈免冑望崖頂禮豈非慈悲幽贊功德名符能伏獯裔善和怨敵斯固三寶之力不可思議但自刱立以來多歷年所時經理亂道或汙隆冬室夏堂亟多頹毀禪

思或擾分衛罜周乃有清信士女咸撤布帛隨時喜
捨步影捷鎚資待無闕有仁慈焉有淨衆焉藉四部
之護持起十方之回向低頭合掌竝趣菩提彈指散
花皆成妙道然佛法難逢人生易失傳火交謝念念
不留閱水成川滔滔莫返寧可宴安巢幕甘寢積薪
沉溺蓋纏不求解脫寶宜共出愛網同護法城修福
不捐至誠必感大悲汲引義非虛設庶憑願力俱證
道場是用鏤之金石咸題姓氏貽諸不朽乃作銘云
正教既隱像法斯備柰苑祇林香城金地鳥跂逬屬
雞飛相次像設閒安斯爲佛事乃建靈塔儼江之涘
棟宇既修雕龕斯整負巖面壑棲雲倒景濟爾智留巋
焉仁靖方丈淨室四柱寶臺遷遷時謝日往月來柱
棟或朽蘭撩將摧珠幡掩色寶網凝埃篤以清信共
宏利益或捨衣裘或傾粟帛造新葺故呈材獻石地
擬金繩供同香積但諦虛假色相非真棲托毒樹迴
還苦輪惟我淨域出要良津勝業可久暉光日新維
大周天授三載壬辰八月壬午虞南撰布衣董尋書
嘉泰志云世南止曰南蓋避太宗諱古禮卒哭乃諱
世南卒於太宗時未嘗單名南此碑蓋書者追去之
也紀元中天地日月字從武氏所製宋紹興更建碑

刻字俱從舊獨篆額不存用進士虞時憲筆實承與
公之裔云(唐)孟浩然詩(過)停午聞山鍾起行散愁寂尋
林採芝去谷轉松蘿密旁見精舍開長廊飯僧畢石
渠流雪水金子曬霜橘竹房思舊遊過憩終永日入
洞窺石髓傍崖採蜂蜜日
暝辭遠公虎谿相送出

護聖廣濟禪寺　在西門外元泰定二年建至正二十
年毀尋復正德二年毀嘉靖四年重建遷西石山後
其故址爲呂太傅衆樂園寺側爲藏閣接待行腳邑
中惟此寺爲衝要　方輿路程考畧
(楊珂詩)安禪久臥松關榻訪舊還攜月下琴人向寂
寥秋易感病兼消渴者難禁風生梵宇鈴聲入花落
香臺露氣深瀟洒蘇公真
性在雲龕想得會渠心

九功教寺　在燭溪鄉齊建元中越州刺史榮穎捨宅

僧眞建號休光寺唐會昌廢大中十二年重建周顯德五年吳越王改今額宋宣和二年爲睦寇所火尋復嘉靖間徐御史毀之重建紹興府志

廣安教寺　在蘭風鄉唐乾寧三年建號報恩寺尋廢漢乾祐二年重建宋大中祥符元年改賜今額浙江通志

白雲教寺　在四明鄉唐閩中僧巘雲披荊而廬講餘白雲時時入戶後晉開運間錫是名古今圖書集成

宋王商翁詩　幽人何處住古寺白雲高向路不知遠到山方覺勞半窗看竹石一枕聽松濤我亦淸幽者烹茶讀楚騷

樂安教寺　在雲樓鄉樂安湖後晉天福六年建號保

安院宋大中祥符元年改賜寶積院明洪武三十四年重建方輿路程考畧

普濟教寺　在上林湖山之西麓俗稱西山寺唐大中元年僧普光建號上林院宋祥符元年改賜普濟院康熙初重修其天王殿有承錫菴墓田碑時宋景定四年也道珏祖賢二僧爲其父母創菴割田以給僧有云與普濟院湖光共挹豈承錫之廢已久而寺僧誤實之此與或普濟已非舊基反承承錫之趾與萬歷舊志

宋陳堯咨詩　山遠峯峯碧岑疎葉葉紅凭欄對僧話如在畫圖中

普明教寺　在雲柯鄉從山唐天祐間建號報恩宋祥符中賜今額萬歷甲辰重修康熙甲辰燬於火庚戌重建舊志

廣教教寺　在東山鄉晉天福六年僧匡白得五石佛於土中奏請賜號瑞明宋大中祥符間改今額紹興府志

超果教寺　在鳳亭鄉羅壁山相傳爲晉郗愔之宅唐天祐元年建號越安院宋治平三年改賜今額後燬嘉靖間佃其故基移像設於莫家湖側崇正中復建

積慶教寺　在燭溪湖梅梁山宋史巖之功德院也寺前石碑理宗書積慶教寺四大字又書賜史巖之四

小字其下巖之謝表碑已斷爲二時寶祐四年四月也餘雖傾廢而正殿存順治閒重修以上舊志

勝果寺　在燭溪湖宋紹興七年右從事郎張昉建舊志

雲頂聖壽寺　在雙鴈鄉山頂至元十九年僧寶業建久廢崇正末僧冰懷重建四明山志

普安教寺　在雙鴈鄉橫溪晉開運二年建號興安院宋治平三年改賜今額景祐四年重修其後廢久康熙九年鄖學使景從重建助建僧恆如舊志

化安講寺　在通德鄉後唐淸泰元年建號化安院宋大中祥符元年改賜普圓院明洪正閒寺僧不法陸

氏毀之康熙六年黄忠端公夫人姚氏捨地重建以爲功德院舊志

洋浦觀音禪寺　在開元鄉道塘宋寶祐四年建今名

洋浦菴萬歷舊志

福田寺　在臨山城内舊志

禪慧院　在上林鄉白洋湖上晉天福七年建號精進院宋治平三年改賜前額萬歷舊志

正法院　在龍泉鄉元至正十五年建紹興府志

極樂院　在縣南一里漢乾祐元年建號彌陀院宋治平三年改賜前額今嘯隱菴即其故址康熙四年建

悟法院　在四明梁天監元年建會昌廢大中元年重建號四明寺天祐八年吳越王改東明禪院宋大中祥符元年改前額明崇正間移建梁衕溪口以上舊志

隆慶院　在上林仙居山梁大同元年建號上林院唐文德元年改仙居院宋大中祥符元年改賜前額俗謂之東山寺宋亡邑之縉紳至寺中哭臨元季兵典爲士者亦多避難於此今名仙居菴古今圖書集成

新菴　在東門外澄清橋折而北舊志

奉慶菴　在雲柯鄉歷山元至大三年建久廢萬歷間里人陳大生重建順治五年重修改名寧善菴舊志

鹿岩菴　在四明鄉元至正十八年建已廢明崇正間僧高源重建舊志

孝義菴　在孝義鄉道塘僧妙行建舊志

知止菴　在四明鄉宣家咎僧智遠所創舊志

香象菴　在四明鄉僧達誠所建舊志

指月菴　在四明鄉高地嶺下明崇正十一年僧語石建舊志

天妃宮　其舊址爲忠襄祠移建於大黃山南里人朱氏建舊志

碧霞宮　在鳳亭羅壁山頂俗呼高廟爲祈嗣之所毅中丞有本建舊志

玉皇殿　在大黄山頂舊志

三官殿　在西城下其一在滸山舊志

眞武殿　在後水倉舊志

藥師殿　在方家㭎舊志

地藏殿　在孫境舊志

郡王殿　在雲柯鄉舊志

梅山殿　在九功寺側舊志

祠宇觀　初在大蘭山劉樊昇仙之後弟子立祠宇以奉其祀陳永定中有勅建觀因其舊祠故曰祠宇唐天寶三年遣使禱祀病其險遠勅道士崔銜處士李

建移置潺湲洞外一名白水宮宋龍虎山三華院吳眞陽號混朴子游歷至此止焉徽宗以凝神殿校籍名不起政和六年詔大其觀建玉皇殿榜其門曰丹山赤水洞天封劉綱昇元明義眞君樊氏昇眞妙化元君而眞陽授丹林鄭禁樵採蠲租賦紹興閒丞相張俊表眞陽爲眞人許歲度道士一人分甲乙傳次嘉熙初理宗禱於會稽之龍瑞宮竣事分金龍玉簡藏焉元毛永貞檄領觀事重爲修葺築石田山房於其側江西薛毅夫來訪永貞首爲賦詩至京師告於名士各爲和之永貞又爲二圖其一曰原建之圖其一曰

唐遷觀之圖刻於觀中明永樂十三年詔道士朱大方復繪其圖以上後廢紹興府志

廣福觀　舊在秘圖山下相傳張氏第七代真人至此宋天聖中邑人建祠祀之號聖祖院熙寧二年賜額壽聖建炎二年燬以其址廣縣治而移建於弓手營今治東五十步是也紹興二十五年重建三十三年毀今額明成化間燬紹興府志

思真觀　在大黃山宋開禧元年建今廢萬歷舊志

寺之久廢者曰建初寺　在西南隅稱江南寶地晉大和元年號平元寺唐會昌間廢周顯德四年重建

吳越王改爲興元寺宋大中祥符元年改賜今額今廢爲趙考古祠萬歷舊志

正覺萬壽禪寺在蘭風鄉元至元間建號正覺菴延祐五年賜前號紹興府志

明眞講寺在鳳亭鄉靈源山後唐長興元年建號四明院宋治平改賜明眞院元元貞至元再修紹興府志

宋樓扶記越多名山水經晉人遊覽處又輒不同過姚江而南村以許稱即元度所居里里有古道場林訪許時嘗講經地二家金蘭建今語尙氷雪治平中賜今額寥寥數千載跡晗八昏危而不持鼓鐘幾於泯響嘉熙三年春白雲堂僉舉妙銛主斯席始至撫然曰晉韻縱遠台宗其可墜乎廢興有時我維圖其新首倡以躬聞之者咸用勸助願力宏固不數載化蕪穢爲寶所內外粲整凡致肆所當有種種畫完開

門授徒法音演暢止者安便觀者眩駭莫不歆艷其成而誇其難噫事無難易存乎其人惟尚志乃克濟向使居其前者用心稍如銛何至盡廢踵其後者用心又皆如銛此山當大振慨世之人安陋習簡靡爛一律甚或瘠衆自肥視常住爲何事銛之事畢其果難矣或謂其飾塔廟崇肖像特爲福耳獨不聞積土聚沙刻雕移畫惟值一因皆成佛道之語事卽理也理之所存偏在於事銛焦心而營隻手而成匪若叢林巨刹掊賦入之羨勢家要第倚聲援之重已信而孚於人也則又豈不甚難矣哉余善潛山僧文琦道所以然相與嘉歎余未識銛盡歸而語諸室廬宏矣器用備矣學者萃止攝其英而教育之毋徒爲觀美人傑地靈今無異昔安知不有風期高亮之士如林公者才藻新奇花爛映發十地頓悟三乘炳然神駿不混梵櫪凌霄肯作近玩試譯厥旨淵乎異時艤棹問徑倚松斟泉清風朗月悠悠我思又安知元度輩不在人閒耶

嵮山如意講寺在龍泉鄉嵮山晉天福六年建號保

安院至宋祥符元年改今額萬曆舊志

天華禪寺在開元鄉梁天監元年建號天香院隋大業元年燬周顯德二年改天華院宋大中祥符元年改覺朗院崇寧元年改賜建福院洪武間改前額舊志

圓智教寺在縣東南開齊永明元年建號禪房寺唐天寶四年改大法寺會昌間廢咸通元年重建宋祥符元年改賜前額建炎燬紹興末重建洪武間廢永樂元年重建已廢爲郎中丞宅萬曆舊志

吳山正覺教寺在雙鴈鄉唐天祐元年建高麗僧永乾居之天福中吳越文穆王牓曰昭覺院宋治平三

年改賜前額方輿路程考畧

吳福昌教寺在梅川鄉烏山周廣順元年建號烏山資福院宋祥符元年改永樂院政和元年改賜前額今名西洋寺萬歷舊志

東福昌教寺在上林鄉唐長慶四年建會昌廢大中二年重建宋祥符元年改賜前額萬歷舊志

地藏尼寺在縣西南一里不詳始建歲月元至元十五年重建舊志

普滿寺在客星山周顯德六年建號靈瑞塔院會稽續志云有銅牌刻曰建隆二年建塔并屋舍宋大中

祥符元年改賜前額方輿路程考畧

靜凝教忠寺在蘭風鄉姜山唐時建號姜山院會昌廢晉天福二年重建改報國興福院宋大中祥符元年改淨寧院隆興元年李莊簡公光請爲功德院賜前額方輿路程考畧

應天鎮國禪寺在龍泉鄉唐大中五年建號聖德禪院咸通十五年改賜前額萬歷舊志

院之久廢者曰法性院在縣東二百三十步後晉天福七年建改號觀音院宋大中祥符元年改賜今額

毛女爲天妃廟明改爲毛忠襄祠萬歷舊志

羅漢院在縣東一里餘梁大同元年建號棲閑院唐會昌廢周顯德四年重建寺有沙門知白古羅漢塔記今改萬峯菴方輿路程考畧

報先院在縣南五里宋紹興三十一年建舊志

清果院在上林鄉晉天福七年建號鹿田院治平三年改前額舊志

長慶院在梅川鄉唐長慶四年建號柯城道場院會昌廢大中二年重建天祐六年吳越王改前額舊志

嘉福院在龍泉鄉宋建炎間建紹興賜額襃忠禪寺舊志

雙林院在縣東北四十里唐天祐元年建號雙桐院宋治平三年改賜前額方輿路程考畧

苑之久廢者曰角聲苑在南城舊志

菴之久廢者曰至善菴　在四明鄉元至正十五年建舊志

福星菴在大黃山元至正十九年建舊志

玉泉菴在燭溪鄉洪武四年僧自悅建舊志

崇福菴在龍泉鄉石堰舊志

妙蓮菴在龍泉鄉元泰定元年建舊志

小生法院在龍泉鄉元元統二年建舊志

頂峯菴在通德鄉陸家埠元至大二年建舊志

舊志載創設之菴城内外有報本菴同知鄒圭建葉菴按察使葉憲祖舍宅解園南城之西井頭菴候青門滴露菴陸浦橋湖音堂上林鄉有慈雲菴石人山菴泗水菴興善菴勝山菴梅川鄉有妙喜菴今山菴積善菴真淨菴法華菴擔山菴燭溪鄉有水築墩宏福菴雲柯鄉有般若菴今改名六度菴萬壽菴報塘菴永修菴眉舒菴大塘茶亭孝義鄉有甘露菴碧雲菴大乘菴語菴開元鄉有蓮芳菴道塘菴東山鄉有湖地成家菴蘭風有海會菴能泉鄉有田谷菴雲樓鄉有永福菴在江口壩四明鄉有藥壺山

碧雲菴鳳亭鄉有般若菴茭池菴高露井菴石壁嶴菴賽天童在萬家嶴卞菴雙鴈鄉有草菴僧克歸建蓮花峯菴通德鄉有旋井菴葉家嶴菴黃箭山頂菴龍聽菴冷水菴石公橋菴朱洞橋菴尼菴曰適菴在西門外部太常秉節所建楊菴在三溪口不二菴在黃沙湖百草居在橫溪碩菴魏堰尼菴雲麓菴在雙鴈鄉

康熙庚午後新增寺廟菴院東北隅有法雲菴一在雙鴈龍泉鄉有普照寺梅川鄉有寶林寺西洋寺福壽菴寶鏡菴永樂菴賜福菴聖福菴大悲菴添枝菴僧普聞重建福昌菴一在上林紫雲菴一在雙鴈篁山菴西遮菴鳳棲菴一

錫菴吉祥菴一在雲柯雲林菴上林鄉有宿甸菴永福菴一在一都一在二都通德鄉有雲居菴大覺菴寶勝菴萬峯菴勝福菴鳳亭鄉有超果寺清隱菴一在雲柯東嶽殿雙鴈鄉有正覺寺正定菴高峯菴栢子菴韓菴鏡澄菴正化菴松隱菴八仙菴四明鄉有永和菴雪峯菴隱雲菴燭溪鄉有廣濟寺平王廟東山鄉有東山寺彌陀菴一在梅川雲柯鄉有海月寺凝福菴福田菴永明菴正覺菴永濟菴孝義鄉有蓮池菴

緇流附

支遁字道林陳留人居餘姚塢山與謝安許詢善卒葬

塢中

道慧慕遠公爲人卜居廬山

明慶戒行精嚴多蘊籍

行修字性真泉南人長耳垂肩梁開平閒至四明山處

松下說法天花紛雨

行持明州人有高行住法性院

志遠姓呂氏出家上虞等慈寺參學諸方精天台教

普容字太虛姓茅氏歲饑煮粥以賑禱雨輒應

宏濟字天岸姓姚氏出家寶積寺精天台之學

與恭字行己工詩趙孟頫重之

自悦字白雲天台人住法性寺繼住龍泉洪武三年徵
講無祀鬼神論
如阜字物元清謹博雅傳天台旨于息菴有詩名初主
廣惠寺繼移明眞洪武三年徵高行浮屠授館天界
如玘字大璞熟於藏經洪武中召對稱旨卒賜驛送還
葬
智遠字容林崑山朱氏子叅圓悟于金粟悟引爲入室
住知止菴以上俱據舊志

餘姚志卷四十

知餘姚縣事唐若瀛修

叢談

懋林山謝靈運作山居賦於此山太平寰宇記

案懋林山今不知所在蓋古今異名未能指一山以當之也嘉泰會稽志疑懋林當作桂林然桂林亦無所考

呵浦今莫知所在南史宋高祖征孫恩虞邱進戍句章城被圍數十日大戰身被數創至餘姚呵浦乃得破賊張驃嘉泰會稽志

浙江自臨平湖南通浦陽江於餘曁東合浦陽江自秦望分派東至餘姚縣又爲江也東與車箱水合水出車箱山乘高瀑布四十餘丈水經注

案姚江不與浙江通近時釋水經者謂當時無隄堰之築故浙水由浦陽以合姚江亦据酈道元之文而想像得之耳

鹹池滙　在縣東南十里即餘姚江也至此紆迴數曲折而西南復折而東北匆一曲約十餘里數曲開陸行不過十里而舟行則四十餘里東流入慈谿界旱甚鹹潮來大約亦滙此止耳罕復西也古今圖書集成

子陵灘相傳在縣少東江瀨磷磷瀄汲上下常有聲蓋其初釣遊處也方輿路程考畧

向家池向在叅政陳塏宅內不二三丈四面石甃之鄉人云是向敏中家池今城南有向丞相墓慈谿向姓是其子孫考敏中開封人不應餘姚有墓想其子孫隨南渡者陳叅政云高曹向孟四姓俱來餘姚向后是敏中孫女國戚隨徙意或近之古今圖書集成

江水東逕餘姚縣故城南縣城是吳將朱然所築南臨江津北背巨海夫子所謂滄海浩浩萬里之淵也水經注

案水經注言故城者皆對新城而言縣城始築於吳下至六朝當有改建城垣之事今不可考矣

牛眠石在縣西南三十里狀如牛臥田中相傳稻熟時嘗出食稻今爲人推損古今圖書集成

石龜在鳳亭鄉其地多生古苔梅古今圖書集成

晉井在東門外盧氏掘地得井其井欄皆燒就上有咸和年號方輿路程考略

過下壩即姚江水才一線是日夏至大熱行李圖書蒸蒸若甑中仰視翠壁夾岸溪流如束對之心涼舊藏趙承旨重江疊嶂黃子久姚江曉色二圖每疑丹青

過實今觀此景乃知良工苦心客越記

夜半乘潮過丈亭初八日雨姚江增闊數尺江上山半入雲中如白幘綦巾下垂綠髩處處流泉並出水銀匹練空中亂垂比來日風景益奇夜泊姚江驛石楔如林兩城夾江初九日大雨姚江驛發舟龍泉嵐氣盡在雉堞之上望孫忠烈祠拱立而過江橋湍水盤渦千尺爲機度縆始得進舟師顏色如土客越記

嚴光隱大澤聘之三反而後至舍於北軍司徒侯霸遣西曹屬侯子道奉書光不起於牀上箕踞抱膝發書讀訖問子道曰君方素癡今爲三公寧少差否子道

曰位已鼎足不癡也光曰遣卿來何言子道傳霸言光曰卿言不癡是非癡語也天子徵我三乃來人主尚不見當見人臣乎子道求報光曰我手不能書乃口授之使者嫌少可便足光曰買菜乎求益也高士傳

岑靜能約居守志遇非義事輒正色拒之有以貿先壟蔭木來問者靜能曰我寧餓死不願聞此其人瞿然而止庸庵後稿

楊秘圖名珂字汝鳴少爲諸生即有書名晚愈矢意狂草人品絕高宏正以前不可知若邇年以來當爲逸人第一流胡梅林少保舊令餘姚稔知汝鳴後爲制

府意欲汝鳴入幕下謂倘來謁卽隨以厚幣汝鳴竟不往少保有碑欲得汝鳴書之而難於言後禦倭海上過邑城駐龍山使幕客故與汝鳴交好者誘之來山閒遊已胡公燕居服猝至不得避因留共飲讌談旣洽幕客諷以寫碑事汝鳴乃爲寫贈之卒不受此風今豈可得再見也書畫跋跋

謝文正公遷初入翰林有御史驟陞都憲臺中循例丐公言爲賀公諗其人素不爲公議所與竟辭不作先進遺風

孫公燧初至江西治廨舍得古鏡於深溝中背刻二十

八字其文曰光運忠扶日月心感天揚恩忠獨難塞天不世內靖斯以昭明字畫奇怪觀者多不識後公殉難好古者以意辨之存笥稿

王陽明初見宸濠李士實在座宸濠言康陵政事缺失外示愁嘆士實曰世豈無湯武耶陽明曰湯武亦須伊呂宸濠曰有湯武便有伊呂陽明曰若有伊呂何患無夷齊自是陽明始知宸濠逆謀決矣今言

陽明既擒宸濠囚於浙省時武宗南幸駐蹕留都中官誘陽明令放還江西以待聖駕親征差二中貴至浙省諭旨陽明責中官具領狀中貴懼其事乃寢四友齋叢

說

趙端肅公以劾嚴嵩下錦衣獄有巨賈某者亦坐薄譴在獄中來覗公感憤下涕且私語曰公即受拷訊宜爲雙足計誠得行六十金公足全矣公嘻曰吾不能謀身而暇謀足又安得金賈嘆息去明日榜掠俱下至足刑則幾寘去時有青衣校數夫來公旁若有囑者則賈已賄若校矣竟賴其力辭既具賈人亦先得脫以蚺蛇膽一具來別謂公曰吾聞中旨欲杖公百已擬票矣吾爲公購得藥可以不死今贈公遂去終不肯言名氏嵩既盛怒必殺公呂文安在內閣知不

可救則爲公治役事擬票旣上上引筆抹廷杖一百數字以故得免歇庵集

父子得謚以爲盛事然未有三世得之者餘姚孫氏第一世右副御史贈禮部尚書謚忠烈燧第二世南京禮部尚書贈太子太保謚文恪陞第三世吏部尚書贈太子太保謚清簡鑨世以忠孝清白見稱鑨兄弟四人俱致位列卿名德無忝眞盛事也萬曆野獲編

案鑨從子如游謚文恭如游孫嘉績後謚忠襄

孫嘉績知常熟縣郡將以私恨括撫倉粟累政流欠三千[illegible]間士民感德請代償不報竟坐貶秩爲詩謝

邑人云牛車擔負愧高義豈知薄命非兒寬蘇州府志

餘姚顧遂任事精敏爲刑部主事諫南巡被杖後分巡建寧善裁決時議造戰艦禦賊遂謂海邊居民處舟若家寄跡於商乘閒爲盜若藉駕舟者姓名印巡捕事付之可省費數萬時稱其便遂字德伸進士終南京刑部侍郎闕錄

魏瀚爲御史有才名擢僉都御史左遷歷知州知府所至能濟民急嘉定有魏公隄雷州有捍海隄終江西左布政使姚邑賦注

翁時器知開封府有善政簡重恂默軌步先民鄉論稱

之終福建參政萬歷舊志選舉錄注

姚江士大夫以清節自重仕宦歸多貧約如韋布道端肅陳恭介之廉潔天下稱之鄉里間多有與兩公前後輝映者胡玠初令壽張有惠政遷工部主事董大工廉慎自持不徇權貴終楚雄知府平生甘清苦鹽虀麥飯以爲常王秉敬知贛縣解組歸廬舍蕭然日以讀書爲樂姜天衢知銅陵縣罷歸督農課子不事干謁陸淵官福建參政卒於官笥無餘帛華璉官四川左布政使清謹無遺貲夏道南爲廣東副使罷歸家徒四壁不移所守諸燦以主事歷官廣東參議勁

直有節槩家居灌園釣魚與陳恭介友善徐執策知莆田縣清執有聲居鄉莫敢干以私諸公多在萬歷以前東躬自好不求人知表而出之可以風厲末俗矣先進遺風

黄昌拜宛令好發姦伏人有盜其車蓋者昌初無所言後乃密遣親客至門下賊曹家掩取得之遷蜀郡太守先太守李根年老多悖政百姓侵寃及昌到吏人訟者七百餘人悉為斷理莫不得所密捕盜帥一人脅使條諸縣強暴之人姓名居處乃分遣掩捕無有遺脫宿惡大姦皆奔走它境後漢書

餘姚金蕃知順德縣初政尚嚴民謠云朝鰓鰓毛厥施乎夕撼撼石厥晝乎勞乎勞乎盍燕以敖乎比及期豪强斂迹獄訟減民復謠云華蓋之砣砣不如尹之無沙碧鑑之粼粼不如君之無津長我禾黍穀我士女吁嗟乎膏雨明詩綜

姜聯錦少孤母徐伯母韓並蚤歲守節韓無出二母共撫一孤聯錦事二母孝謹篤至偕計北上聞韓訃歸制三年人以爲難萬歷舊志選舉錄注

邵陛母喪廬墓有靈芝產於墓左呂文安贈詩曰三年廬墓獨含悲不見慈闈忽見芝天爲孝思昭應感人

將祥瑞說珍奇神光夜晉煌煌照元氣春回騁騁姿他日重恩焚寶誥金莖玉秀繞穹碑姚邑賦注

朱德辰少嗜學從弟當戍金齒衛德辰憐其母寡毅然代行黔國公延之講學後其子宗勤詣戍所請代黔國公以詩餞云高歌一曲雒青絲此日稱觴願不違洛社風光今復見香山文物世應稀菊開老圃逢秋色月落中天見少微不是江湖詩酒伴何由得獻鶴南飛德辰歸餘姚時年八十五黃宗伯集

翁希顥爲御史奏對忤旨謫臨潼主簿譽名其軒曰惜陰好學不懈姚邑賦注

柴欽師事趙撝謙遇大雪無火炙又無酒飲淸言達旦以爲盛事考古遺集

劉球少以避難隱居姚江數年從學者日衆後爲王振所害姚江成器爲文祭之傳播遠近球子僉事玕後以提學至浙造器廬而拜之執子弟禮甚謹談纂

陽明先生居越中秋夜月白如洗乃燕集諸弟子於天泉橋酒半行先生命歌詩諸弟子比音而作翕然如協金石少間能琴者理絲善簫者吹竹或投壺聚筭或鼓棹而歌遠近相答先生顧而樂之即席賦詩曰鏗然舍瑟春風裏點也雖狂得我情緒山文錄敘說

餘姚多潛心經訓之士四方爭聘爲子師史編修鈳諸同知燮並遠遊教授其著錄之盛者葉之盛治尚書陳恭介師事之盧中長於春秋會稽陶氏宗之胡膏長於易趙端肅及翁尚書大立並傳其學教職中如高廷桂博雅有質行官寧波訓導張應元持身謹約官袁州教授皆不愧人師也漸水舊聞

虞翻少好學有高氣年十二客有候其兄者不過翻翻追與書曰僕聞虎魄不取腐芥磁石不受曲鍼過而不存不亦宜乎客得書奇之由是見稱三國志注引吳書

謝公遷七歲能屬對從舅氏鄒憤齋學憤齋夜坐聞蛙

聲遽曰蛙鳴水澤爲官乎爲私乎應聲曰馬出河圖將亂也將治也憤齋大奇之文正年譜

陽明先生十一歲侍祖竹軒翁就養京師從遊金山客擬賦詩先生從旁曰金山一點大如拳打破維揚水底天醉倚妙高臺上月玉簫吹徹洞龍眠客大驚命賦蔽月山房詩先生隨應曰山近月遠覺月小便道此山大於月若有人眼大於天還見山小月更闊一日問塾師何爲第一等事師曰讀書登第先生曰此恐未是第一當讀書學聖賢耳名世類苑

胡太僕鐸幼孤陳僉憲謨過視之命之屬對曰白髮老

翁黑漆頭巾班竹杖應云青衿學子紫羅香袋白牙梳僉憲曰胡克和不死矣克和太僕父號也先哲遺聞

翁公大立九歲隨父舟行同舟客見漁人施網試句曰舉網得魚我所欲也應聲曰下車搏虎衆皆笑之姚江文獻

孫文恪妻楊氏爲詩麗以則課諸子如嚴師鑛少時嘗戒其友曰以札來者幸毋詭毋臚歷吾母而後及我慎之也由此子姓所交無匪人無匪言玉劍尊聞

明人記事書載謝文正會試薦第一由本房是兵部主事趙瑶名位輕故抑置第三而墓志稱主考邱文莊

賞之拔之第三則矛盾矣世但以文正兩居第一而會試稍抑故爲此說耳然文正子亦解元探花而會試第四亦是僅事西河合集

謝文正家居喜接後進汝湖先生尤加意獎拔凡雋異之才必欲成就之醉夢呂公與先生爲莫逆交攜家嗣大學士本卒業時若刑部員外郎鄉紳兵部主事諸燮苑馬卿胡安及九皋與焉徐九皋事狀

宏治壬子鄉試夜旣半場中人見三巨人東西立一衣緋一衣綠合言曰三人惟得好事總不見是科得餘姚孫公燧王公守仁錢塘胡參世寧宸濠之變胡公

發其謀孫公死其事王公平其難二巨人之言乃驗舊浙江通志

孫繼先以貢試應天正德庚午闈中首薦其文及折號主司以姚人爲劉瑾所惡不敢置上第方檢他卷易之忽聞門外傳鼓云瑾已被收遂仍以孫爲解首舊浙江通志

韓公應龍爲諸生豪於飲意頗自負人罕物色之適壯乃連第廷試以法天法祖對策御批是題本意可第一甲第一名授翰林修撰未幾卒萬曆舊志選舉錄注

張才本姓史成化戊子主考福建行次浦城有一生僞

爲驛卒伺其寢以數百金跪獻才嫂却之榜發生在
列生復持前金謝才曰吾不敢以寘寘隨行況白日
耶時才子琳爲工科給事中生入都往饋之琳曰家
大人知君君不知家大人而又不知我耶生伏地頓
首卒懷金去姚邑賦注

餘姚陳惟寅先生教諭崑山頗喜談風鑒嘗曰舉子梁
昱當甲科瞿泰安不失副榜況家貧宜急就也未幾
部檄先生會試同考昱泰安治禮記先生本房也比
揭曉泰安名在第五昱不第先生嘗曰吾官不達忝
預主司兢兢焉圖稱任使榜未出之夕猶然燭閱首

卷加精考焉以爲必天下士折卷時尚書以下皆屬目首得岳正衆皆曰得人次陳鑑次某衆皆云然及泰安吾爲之驚愕且無一人有言少間李監試白御史主曰此亦當在此我知之矣我同官項御史曾推此人使無御史言我汗流面熱恨不即死也噫名聞不揚朋友之過誠然矣泰安於經學有工夫但岳陳等素有聲太學泰安舉自鄉縣未爲都人所知耳東水日記

周仕佐知太倉州識王錫爵於髫年目爲國士後以工部郎榷稅蕪湖時調土司兵禦倭所過殘掠仕佐爲

設方畧安戢不擾兩民德之（蕪湖志餘）

鄒墀知無錫縣識顧憲成於童子中及爲南兵部憲成以父命求白唐應麒冤獄鄒爲言於有司事得解（姚江）

文獻

徐重明字元華别號石隱崇正丁丑貢士初族有值南糧解首者侵糧肥橐事發將禍於重明之父重明年十三即詣縣發其狀令試以文奇之乃拔解者律以軍而父得免母性嚴臘月寒沍偶思魚重明徧索市中無有意倘怳不自持俟至暮途遇一市魚者以歸人以爲天賜一日偷兒竊其母衣飾去重明令左

右秘之罄私橐如式新製以獻母爲解頤居恒稍不懌必伏地捧杖以請色霽方解藹然同伯俞之泣杖也撫二弟寓怡怡於切偲後與從弟進明同貢託疾不往曰古今一局棋耳卒年七十六景范卽其孫也

李志

翁月乾字鶴皐月節字好堅兄弟在諸生閒皆盛名事父母色養備至雖盛暑嚴冬不冠服不敢見月乾常隨父入試父犯規當笞月乾代之創甚反以爲喜月節居喪不御酒肉其事月乾如嚴父也常拾遺金自揭其姓名居處使失者來取其人至卽還之感泣而

去月節以子年奕貴封文林郎就養任邱年奕在官有善政得之庭訓者居多所著義經彙纂行於世李志

施忠懋邦曜著述簡核惜嗣子蚤逝鮮存者惟陽明集要三編行世其門人陳天怒與有校閱之力同巷朱堯淳少師事之邦曜重其學行贈以名教樂地說堯淳晚益志道天怒年九十好書皆足爲其道裔者也李志

徐錦徵字符一童年失恃事繼母撫季弟備篤友于人以閔子目之析㸑時貲悉歸弟晚居南城鄰室兩患火熾人見所居有神人絳袍端坐獨得無恙僉謂天

裕孝友云舊志

案餘姚志乘所据者萬歷癸亥所修之志即邑人所稱沈志也康熙辛未所修之志即邑人所稱康志也今重事纂輯稿本將竣始見康熙癸亥知縣李成龍修志殘稿則徐重明翁月乾月節朱堯淳皆見於李志而康志失載又徐錦徽傳康志舊著於錄而續刻私傳者移其篇第今備錄於此將來續修志書或補入列傳或重行採訪諒邑人自有公論焉

桑天顯字文侯世居餘姚年十三喪母父患反胃疾乃

棄書冊治生以養鬻肉爲糜或鎔羊脂以進百方求所以宜胃者父病延數歲始卒聲聞里閈有語孝行者必曰何如桑郎小壽或父母訶其子不順者必曰獨不聞桑小壽之養親疾耶小壽其小字也康熙十三年耿精忠反連海寇犯浙東海壖震動咸團練八保鄉人推爲練長辭以少不聽乃率衆誓於其始祖仲才公廟曰吾祖神靈必相佑然非信賞必罰神不據我也衆皆曰諾一夕寇果至率衆往拒見神亦盛服立馬交衢賊大駭不及戰而散竟事無警聞其才者欲延入幕府或請受以武職謝不應既而曰吾遂

無所濟於人乎試治醫方遊錢塘寓居焉治疾奇中有求必往生平以去邱墓爲歉歲必歸餘姚省視卒後其子調元等遵遺命葬於餘姚之大塘南廟路巷

穆堂初集

案柔天顯以孝行被旌余初議修志其後人郎以旌門錄見示余見其由錢塘諸生顧學上請而孝子坊建在錢塘則應入錢塘縣志無庸復見於姚志矣及考其墓誌乃知其生長餘姚以韓康之賣藥往來武林不忘故里死而得遂首邱之志是不得因其子之著籍錢塘遂以爲非餘姚人也錄存

事跡以俟考覈

晉武帝太康三年建鄴有寇餘姚人伍振筮之曰寇已滅三十八年揚州有天子至元帝即位果三十八年宋書符瑞志

有以王華同年事誣毀華者人謂華當速白王曰若白之是我訐同年友矣是焉能浼我哉竟不辨華四世祖綱廣東叅議峒苗爲亂死之曾祖與準精於易嘗筮易得震之大有曰吾後再世其興興其久乎王劍龕聞

陽明赴謫至錢塘劉瑾遣人隨行偵探先生恐有不測乃託跡潛附商舟遊舟山遇颶風一日夜遂至閩界

比登岸奔山徑數十里抵寺投宿寺僧不納乃趨野廟倚香案臥不知其是虎穴也夜半虎逾墻竟不入黎明僧來視欲收其囊見先生方熟睡不醒始驚曰公非常人也邀至寺寺有異人嘗相識於鐵柱觀約二十年相見海上至是出詩有二十年前曾見君今來消息我先聞先生與論出處意欲遠遁其人曰汝有親在萬一逮汝父誣以北走可乎因爲蓍得明夷遂決策反先生題詩於壁曰險夷原不滯胸中何異浮雲過太空夜靜海濤三萬里月明飛錫下天風年譜

案西河合集辨文成浮海爲傳聞之誤然同時陸

相錢德洪俱述其事非得諸傳聞者也明人記文成遺事媢功者多誣善之辭而異教復援引爲重今悉不取

閩黃宗伯道周招姜司徒一洪入閩筮易得蒙六三爻曰妄動之婦將不爲人所取矣何以行爲道周曰非彼取我我勿取彼也夫我不取彼而不當往耶 仲氏易

史公琳自號一拙而實多藝能戲作墨竹自謂天解尤好談兵於推步占候醫藥之術靡不通涉比見熒惑犯執法謂人曰是必有當之者已而左都御史戴公珊卒公曰未也不踰月而公亦卒 懷麓堂集

虞松字叔茂官至中書令大司農竇臮述書賦云名徵格高復見叔茂體裁簡約肌骨豐嫭如空凝斷雲水泛連路墨池編

虞綽工草隸書書品云鋒穎迅健書苑菁華

虞世南隸行草入妙本師於智永及其暮齒加以遒逸得大令之規矩姿榮秀出秀嶺危峯處處閒起行艸之際尤所偏工世謂與歐陽詢智均力敵然虞內含剛柔外露筋骨君子藏器以虞爲優太宗學其隸書每難於戈法一日書戩字名世南補寫其戈以示魏徵徵曰戩字戈法逼真帝賞魏公之精鑒後卒帝歎

曰吾無與論書者矣族子纂書有叔父體而風骨不及（書法備考）

王新建守仁善行書出自聖教序清勁絕倫所至好題壁今皆勒石後營宅郡城每歸姚嘗寓其從弟某宅某俟其至輒具佳紙磨墨滿硯置案上守仁興到則書之挂軸橫卷堂額門帖無所不有今皆有力者購盡（萬歷舊志）

楊珂幼摹晉人帖逼真後稍別成一家多作狂書或從左或從下起或從偏傍之半而隨益之吳峻伯維嶽每論書法輒云故人楊秘圖珂者今之右軍也會稽

陳山人鶴自負能書亦云筆法出自中鋒者最難惟
秘圖爲然萬歷舊志
孫堪善畫菊性愛菊所居輒種菊日夕玩之畫益工王
維楨孫伯子畫菊歌畫菊自有孫伯子眼中菊花無
顏色干葩萬蕚出愈奇鄭老王丞掩不得鄙人重菊
尤重孫初乞一揮挂吾軒霜天摇落羣芳盡錦石崢
嶸數樹存坐觀立玩忻還訝紫艷金英爛相射恍惚
如遊甘谷叢蔵蕤疑傍東籬下東籬甘谷杳難尋畫
手千年秪見今細葉疎枝秋嫋娜含烟帶露氣蕭森
吁嗟伯子之菊胡爾殊少日致品自三吳分畦列植

繞山墅朝吟把朶夕對壺一吟一醉情相愜便欲因之向黠綴濡毫拂絹花神愁生色真機造化泄名筆今餘二十年長安國門踏將穿孤芳一出連城賤尺幅持來萬戶傳孫伯子勁氣貞操無與比晝中霜幹宛相似已知勳望收人寰況覩丹青推帝里東園繁華李共桃才看綽約倏飄摇南渚芙蓉雖稱絶娉婷可耐秋風高三花總不煩君手煩君更寫菊之友紫蘭翠竹團清泉天寒歲暮恒相守萬歷舊志

王敬伯善鼓琴爲東宫扶侍嘗至吳郵亭維舟中渚秉燭理琴見一女子披幃而進二女子從焉先施錦席

於東牀既坐取琴調之聲甚哀女子曰此曲所謂楚明光者也惟稽叔夜能爲此聲自此以外傳習數人而已錄異記

嚴叔信行坦五人稱其行善醫用藥專以附子不問寒熱虛實並效人號爲嚴附子萬歷舊志

孫天弼博學隱居與山人楊珂馬文俊相友善家四明四方賢豪長者時造其廬必欣暢旬日猶娓娓不厭精於醫醫家秘書力購之務明其義尤工治療然恥於計謝人以此益高之葢有隱德者同時沈照善治痘傳子塘其術益精覘從未病時決小兒死生如神

然難與天弼比德矣萬歷舊志

駱用卿精堪輿術嘉靖中建初陵大學士張孚敬冢宰汪鋐交薦之擇地於十八道嶺具圖說以進遂用之今永陵是也萬歷舊志

楊日東字子升開原里人也少業儒凡陰陽醫卜兵家攻守之術無不畢窺里人有余某者精堪輿術多有奇驗人稱爲余半仙日東見而悅之遂盡傳其術後又遇異人於玉笥山中口授地理秘訣數篇心神頓覺豁然大悟初四明余文敏有丁少孤而貧日東爲傾貲卜其祖父兆曰此首甲拜相地也及余公果顯

鑑賜對薦紳稱楊君神術將營壽宫首徵日東爲欽天監博士主其事壽宫成例當增秩日東即謝病乞歸士大夫無不高之若四明沈少傅一貫長洲徐侍郎顯卿輩相與祖道而贈之以詩時越有三相爲余公沈公及朱公賡其父兆皆日東所占云年至八十二而卒萬歷舊志

岑乾以奕鳴宏正以來俗頗尚奕童子中往往能布筭不數管中窺豹士大夫相聚率遁奕多擅聲縉紳間王元美奕旨云今後進中閩有陳生蔡生越有岑生揚有方生鼎立後方與岑尤張甚並稱國手也岑即

乾童時嘗從父遊武林或竟日他往家人怪之乾曰
有羣兒呼與奕自是頓異後浪跡京師諸名公爭延
之乾名由此顯嘗奕勝京師顏倫倫故稱天下第一
手也然是時倫向衰而乾亦語人曰與顏奕必謝絕
人事養十日精力乃可乾馳名早人謂之小岑惜未
及四十卒未見其止於是姚又有鄧甲者中年奕陡
進日月異最後止讓乾一道乾甚忌之先乾卒邑中
後起者亦籍籍有人然皆未及乾舊浙江通志

孫策討山賊斬其渠帥悉令左右分行逐賊獨騎與虞
翻相得山中翻問左右安在策曰悉　賊翻曰危

事也令策下馬此草深卒有驚急馬不及縈策但牽之執弓矢以步翻善用矛請在前行得平地勸策乘馬策曰卿無馬奈何答曰翻能步行日可三百里自征討以來吏卒無及翻者明府試躍馬翻能疏步隨之行一大道得一鼓吏策取角鳴之部曲識角聲小大悉出遂從周旋平定三郡三國志注

駱尚志臨陣能開大刀名駱千斤征西寇東倭屢立大功擢至副總兵姚邑賦注

馬元忠字北海世襲臨山指揮僉事禦倭至寧定洋夜雨龍見兩目如炬閃閃照海面元忠誤謂賊火射中

之龍負痛翻濤舟覆沒越數日浮屍姚之孝義鄉周家路顏色如生士人立像祀之稱馬將軍廟同時張應奎世襲臨山正千戶禦倭陣亡東山志

馬自進爲臨觀備倭把總出哨外洋遇颶風溺死弟自道管理寧紹叅將中軍事倭犯韭山海礁自道逆戰斬其渠魁擢臨山衛指揮使東山志

徐世卿字畏岩臨山衛武生歷官守備東征歿於陣東山志

阮應辰字箕畢臨山世籍累擢漳南副總兵平賊有功晉總兵時梁山洞賊最劇應辰率守備何南璽勦之

適漳汀營遊擊朱彩引兵至遂偕行與賊戰於若竹朱彩被創走泉四竄應辰前突陣何南璽從俱死之先是其妻金氏遇山寇於七里灘投水死東山志

陳閑字六儒由軍功官廣西中營守備土寇亂撫軍令平之兵力不支歿於陣東山志

謝文字同書以都司出守莊浪衛調征郝劉諸賊有功擢臨洮遊擊甲寅秋莫洛經略川陝奇其才題授副將委以前軍之事文統兵入川擊走逆撫王輔臣而總兵王好問李國棟內叛且招文文瞋目大罵曰我豈從汝反者率孤軍力戰射傷賊數十人矢盡麾下

亦散去抽短兵接戰又殺賊十餘人賊用長刀斫之中肩死賊呼忠臣者再甲子恤贈奉國將軍賜祭葬東山志

褚百五由効用爲紹鎮叅將賊臨邵城衝陣死之丙辰賜贈廕祭葬舊志選舉錄附注

轉庵出身武舉少以豪俠聞輕財結客頗扞法禁奏當論死用智逃免而潛從征吳逆屢立奇功大將軍奏授陝西糧儲道丁艱歸服闋不仕遂棄家爲僧於吳典之白雀結廬以居姪孫名旭字子旦餘姚人樊中集

案縣人以韜略著者載籍罕見惟東山志多載臨

山世職今擇其關於國事者分別錄之夫死事之臣宜見列傳然東山志昧於掌故祇以著姓之家譜爲憑流傳失眞其行事之年月所歷之官職時有舛誤又拙於敘事語多不可曉如馬元忠傳云樞臣奇其才命總督福建軍務殊不知明中葉始設總督從未聞武臣爲之也謝文傳云擊走逆撫王輔臣然輔臣以平涼總兵叛非巡撫也孫旭傳云授四川巡道據馮景樊中集則係陝西糧儲道景嘗題旭小影云雲雷草昧施經綸一瓢一笠逃荒榛我相天下士幾輩眼中所見無此人他年從

公澄法恐容我披髮騎麒麟是景與旭定交其官階親得之口授較東山志爲可信也余既不敢據東山志以補入列傳而又不忍諸人之姓名湮沒故錄其文以發疑於此以俟考古者之覈實豈好詆前人之著作哉

謝秉孚字懿卿萬歷中官南京下注巡檢下注瀕湖多盗設烽警嚴備之一夕盜猝至民恂懼欲走巡檢大呼曰爾走賊躡其後妻子被擄耳令燒炬守要害身率土兵及子樹斂樹政前迎賊賊攢矛刺巡檢死流矢中樹斂目樹政亦被創力戰不退卒奪其父屍以歸

東山志
案徵秩能守其官者從東山志錄存一人近時普洱典史張廷栻以隨征金川觸瘴癘死於軍營給軍牌歸葬其事蹟俟再考順治辛卯蘇籍滋知樂昌縣峒賊曹扛子攻樂昌籍滋力屈死之其弟鐈沆并家屬一十八口悉遇害今不及見樂昌志並記於此

滑浩字宗源爲臨淮令貴戚侵佔田土浩履畝清其弊遷南京刑部主事劾太監溫守禮觸劉瑾怒罷歸後補南昌郡守李志

陳煥字子文爲廣西參議分守柳州猺獞出没爲患參將沈希儀欲以兵誅之煥曰猺不可盡誅莫若撫以恩義遂與希儀入其境諭之諸猺感悅後以光祿卿歸閑圃構亭中列八景皆以愚名自爲文記之李志

夏道南字宗時以主事讞獄廣東時林恭守等二十餘人以通番坐死道南第錄其爲首者多所保全遷廣東兵備僉事李志

姜天樞官工部都水司郎中視北河時河竭阻糧艘天樞言輝縣搠刀溝泉向爲民用私占請視河都御史偕往啟板水湧艘行國計賴之李志

戴廷曜號寅初諸生讀書虹橋聞哭聲詢爲償債鬻妻也出家貲代償夫婦得完李志

邵洪慶字積之諸生卜居四明買山人楊秘圖舊業樹桑栽竹鄉人樂助其力洪慶必倍酬之鄰里疾病與親族不能嫁娶喪葬者洪慶悉周之李志

盧義之以貢士爲廣昌丞嘗自嘆曰我三十年窺書史戸外一無所問十年服下僚俸外一無所入吾不負聖賢不負朝廷矣李志

胡畊麟字之罘宵庶吉士共議王文成從祀曰世以傳文成之學者稍沒於功利夫孔子之學三傳而爲莊

周世不以孔子之學爲莊周而乃以王氏之學爲功利何哉改給事中終雲南僉事李志

沈應欽號雲臺諸生初與弟應文同學後築室牛霖專力古文辭弟官南部曹應欽遊棲霞牛首諸山居金陵見者服其博洽迨歸郡守請見嘆曰吾浮雲富貴久矣乃僕僕迎送乎謝去之遂終身不入城市人以爲難李志

施泮字宏宇捐給竹谿三都孔道以便車徒中連迨河割田築墩以砥水又建宏福庵於其上李志

丁履泰字儆復知臨淄縣罷歸斥俸餘購經史終日披

訂室人交謫不之顧李志

馬咸久號季通爲諸生不得志習天文兵法地理尤請內典程法孔高尚自矜早罷公車取資館穀終其身李志

案自滑浩至馬咸久十二人皆萬歷志未載而見於李志者康志盡削之矣李志又有徐大岳傳云大岳字紹渠事母極孝見道遺不拾至今推重賓筵但繹其文頗似生傳又有余學詩傳云學詩字雅人好義咸閭里子復亨童試冠軍張悰見而奇之歸以女學詩有弟出繼而亡其貲復亨脩脯所

入兼養之學詩年八十五而終考復亨年五十登
順治十八年進士壽亦至八十是李令修志時復
亨尚存不齒爲撰生傳也李志未經論定之書舛
訛不可枚舉故不及十年而復有修志之役

朱端號濟齋樂善好施偶至他舍聞磨刀聲詰所以曰
年終無以爲養相率併命耳端即解囊助之遇負者
於道每用扇障面恐人以逋負爲愧也其盛德如此
摘録曾希孔鐸書

岑士貴字尚周爲黃彥實弟子彥實嘗夜夢坐廳上氍
毹四設士貴年最少前拜跪乃脫身所被綠衣衣之

旣覺而士貴至士貴仕黄岩有李某隸臨亭持支幅長士貴廉得其私丹書之李憾甚後出巡鄉部遇毒死吳淵頴集

徐愛嘗遊南嶽夢一瞿曇撫其背曰爾與顔子同德亦與顔子同壽後以工部郎中告歸年三十一果卒明儒學案

陳恭介公有年未卒之先月餘嘗自作紀夢云萬歷丁酉十二月十八日之夜余臥畏天樓之從吾齋夢徘徊一山館中已而吳灤州敬夫倪博士章偕至余曰此中儘有佳處吳曰適來舟故在試共一遊遂相攜

入舟中舟無榜人亦無僕從漸能自移有頃轉入山口峯巒聳拔山椒一老桂盤根樛枝下臨淸澗飛花飄灑芳香襲人逡巡稍前遥望前山中房舍甚都相與嘆賞倏忽已至艤舟而登白石鱗次涓泉出石閒若微雨新過狀徐步入舍明廠軒四無牕几寂不見一人循除久之忽老僕自外來詣前報曰館罷矣余第領之又回指偉衣冠數人自舟而陸若相就者二友曰此吾輩適來泛舟路也遂欠伸而寤惟見牕際月影朣朧而已念昔嘉靖丙辰南宮被放與吳倪同舟東歸中閒區區聚散亡論已鄉二友化爲異物不

嘗一紀而頭刻之夢甚爲惘然若老僕之言莫可致詰豈余病侵尋預爲捐館兆耶枕上漫成二調紀之夫千古一夢也勝紀乎哉又爽然自失已其二調云山之幽鬱盤丹桂臨清流臨清流花泉瀠漾馥襲蘭舟箇中秋思空淹留覺來牕外寒蟾浮寒蟾浮同遊安在千古悠悠人翩翩竭來攜手穿雲泉穿雲泉依稀玉宇不見神仙箇中微語胡來前曾寄憶秦娥云明年正月既望環恭介宅而居者丙夜聞車馬雜踏聲竊窺之見籠火隱隱不下數十度驄馬橋而來上下橋址間呼聲甚徹鷄再號始返呼復如之輒詢何

物官人乃爾深夜過訪詰朝走問則屬烏有越數日恭介卒 萬歷舊志

姜逢元自禮部侍郎晉尚書九枚卜不用逢元少時夢斗魁贈詩中有金殿簪花字自謂殿試必第一既而不驗及將致仕會皇太子行冠禮逢元充三加官簪花殿中逢元嘆曰吾之終此官豈人事哉 西河合集

孫公嘉績少時屢夢一狀元與遊及將赴丁丑會試知縣梁佳植夢公座上有狀元旗次日舉以相賀曰姚江孫氏有解元會元榜眼探花而無狀元今俟君以足其數榜發不驗後公殉節於舟山藁葬張信墓前

信國明初狀元也公之死前定之矣蜀山紀聞

郤公陽知雅州歲大旱與城隍神同繫跪赤日中不傘不食不水三日果大雨城隍像潰公陽乃沐浴更衣升堂告衆曰吾奉上帝勅代此州城隍矣端坐而逝四川省志

胡東皐善折獄比諸包孝肅死後建昌士子夢迎新城隍儀仗甚整私問其後騎曰昔之包龍圖今之胡都堂遂相傳東皐爲建昌城隍南畿志餘

翁公大立宦楚涉洞庭有三龍夾舟幾覆公視之不爲動俄而龍蜿蜒以逝行部廣東過嶒嶺一虎猝至從

者驚遁公端坐車中相對久之虎徐去卒之前夕夢朱衣人持江西城隍申符命至寐而疾作遂逝田樂墓誌

梅朗三言黃忠端英靈不昧有僧自阜亭來言遇忠端問其所之云赴宛陵之任客有請乩仙者忠端與李忠毅降之忠毅爲南康城隍忠端爲寧國城隍南雷文約

桑靈保字仲才行九姚江燭溪人仕唐宣宗時奉使海昌卒追封悟空國師繼爲神建炎間助張浚禦金兵有功事聞建廟明景泰天順間又以塞黃河功封王爵西湖志

戚瀾字文淵景泰辛未進士官編修有文名卒爲水神

蜀人楊慎丹鉛餘錄記之甚詳按其記曰公以編修服闋上京渡錢塘江風濤大作有絳紗燈數百對照江水通明丈夫九人帕首袴韡帶劍白馬飛馳水面如平地舟人大恐公曰毋懼吾知之矣推牕看之九人皆下馬跪公問曰若輩非黍石將軍九弟兄耶曰然曰去吾諭矣皆散公命舟人返棹曰有事吾當還遂歸抵家謂家人曰某日吾將逝矣及期沐浴朝服坐嚮九人率甲士來迎行踐屋瓦瓦皆碎戈矛旌幟晃耀塡擁有頃公卒車騎騰踔前後若有所呵衛者隱隱入空而滅後邱文莊公夫人自南海浮江而上

過鄱陽湖夜夢達官呵擁入舟曰吾乃翰林編修戚瀾也昔與邱先生同官義不容絕特報耳三日後有風濤之險隻帆片櫓無存可亟還於岸夫人驚覺如其言移止寺中未幾江中果有風濤衆舟盡溺至京夫人白其事於文莊公公以聞於朝遣官諭祭文莊公又爲文祭之云文端剛勁之質豪放之氣高義激切直上薄乎雲天巨眼空闊俯下視乎塵世凡衆人之嗜欲舉不足以動其中在一時之交遊少足以當其意時發驚筵之辨臧否罔不稱情朋輩屬坐之狂毁譽皆有所試醉言無異於醒面折不避於背僕也

於君若有宿契始落落以難合終偲偲以交勵奈何命與心違中道而逝老我後死於十二禩孰知冥冥之中猶有舊交之誼老妻北來舟次江滸夢中彷彿如見報以風濤將至預告以期使知趨避既而果然幸免顛躓於乎入傳君之爲神涖胥濤而享祀即今所過而驗之無乃并司乎江湖之事由其生也不盡用於明時故其死也見錄於上帝於乎友道之廢也久矣曰友曰朋如兄如弟指金石以爲盟刑雞犬而設誓頭角稍殊情態頓異雲泥隔則易交勢位判則相忌對面如九疑之峯跬步有千丈之勢半臂纔分

遇諸塗則掩面而過宿酲未醒踰其閾則騰口以刺過門不入室反爲操戈之衆落井不援手恐拋下石之計親於身也遑恤況伉儷乎生爲人也尚然況下世乎於乎文端生死無二心始終同一致不忝爲聰明正直之神真可謂英邁特傑之士緬想舊遊稠人廣會一飲百十鍾揮毫數千字故以平生之所好用答故人之陰惠詩以寫不盡之情酒以侑有從之淚具别紙以焚燎就宿艸以澆酎靈神如在來鑒於是不鄙世人之凡言特歆御醞之醇味詩曰幽顯殊途隔死生九原猶有故人情曼卿真作蓉城主太白常

留翰苑名念我寘寘來入夢哀君惻惻毋吞聲朝回對坐黃封酒悵嘆雞壇負舊盟分省人物考

桑九郡王系出桑巷鄉人爲立廟併祠其子周舍史舍周嚮館穀外邑歸而經其姊家五夫里嚴氏姊爲具雞黍周怒何爲以骨飼我衆曰肉也姊家實以祠神竟不食歸告其妻趣具湯沐吾將去爲桑郡王子浴竟而逝史名自張髫年從學舍歸途遇一丈夫鬚髯甚偉曰豎子而非史氏子乃郡王桑氏子也史驚懼歸告其母夕發寒熱語諵若神授母百禱無應竟死湧幢小品

康熙十五年餘姚有客行夜宿山神祠夜半有虎跪拜祠下作人言乞食神以鄧樵夫許之明晨伺於祠外果見一樵過之逆謂曰子鄧姓乎曰然因告以夜所聞戒勿往鄧曰吾有母仰食於樵一日不樵母且饑死生命也吾何畏哉遂去不顧客隨而覘之鄧樵甫采薪虎突出叢菁間鄧樵手搏持虎尾盤辟久之虎不勝憤乃震哮一躍拔尾負痛遁去鄧樵逐而殺之客逆勞之鄧樵曰感君高義盍導我至廟下既至大詬以死虎示神曰今竟何如遂碎其土偶鄧樵一笑躍上神座瞋目而逝鄉人重爲建祠額曰鄧公廟香祖

筆記

冢廟今在冠佩鄉

王公華少持內行讀書龍泉寺相傳寺有女妖惑人寺僧以告同學者散去公獨留妖亦不作風雨雷電之夜僧復試以瓦石不爲動明史稿存本

翁公大立以郎中讞獄江西多所平反至廣信郡人病疫公夢道士天生一者能愈適所居署有妖祟公正襟危坐俟其至擊以劍旦循其血跡而偵之見狐死於穴穴之旁有泉津津出以飲病者輒愈始悟天生爲水也羅公洪先以爲祥刑之徵題曰生生泉田樂墓碑

餘姚姜氏有狐妖禳之不去禱於葛將軍葛將軍者姚人所奉以驅妖者也夢神語曰當有忠臣除之勿煩吾兵衛也既而熊公汝霖過宿書室夜見一物來觸以硯擊之翌日庭中得死狐妖遂絕蜀山紀聞

案妖不勝德諸書所載餘姚先正事俱可爲世法若太平廣記所載異魚奇鬼諸事語近無稽今不錄

慈谿馮氏有爲其先世造塋者貿翁仲於餘姚孫氏故冢未遷之前三日冢旁人聞哭聲竟夜已而遷仲仲屹立不可動曳以百人然後仆比載之浮上橋甫登

岸劃然中斷如有神既置不復用偃臥艸中時著靈爽（寒村文選）

劉綱字伯經後漢時仕爲上虞令與夫人樊雲翹同學道術於白君能檄召鬼神禁制變化之事嘗與夫人較術綱作火燒碓屋夫人禁之卽滅庭中有桃兩樹各咒一樹使相鬭擊良久綱所咒者不勝走出籬外綱吐盤中成鯉魚夫人吐之成獺食鯉綱與夫人入四明山遇虎綱禁虎不動去則便號夫人繩繫虎頸牽歸床側綱試術事事遜於夫人將昇天大蘭山有皂莢樹綱升樹數丈方能飛舉夫人平坐雲氣冉冉

而去神仙通鑑

王可交崑山人以耕釣爲事咸通十年擢漁舟入江忽遇花舫招之入內有道士七人設燕奏樂噉可交以栗籌送之上岸則在天台山瀑布寺前越州廉使驗實以聞可交自是絶穀挈妻子往四明山二十餘年復出明州賣藥酤酒言藥則壺公所授酒則餘杭阿母相傳藥極去疾酒甚醉人明州里巷皆言王仙人藥酒世間不及道俗多圖其形像有患痞及邪魅者置之即愈後三十餘年却入四明山不復出今人時有見之者四明山志

章全素南昌人從吳郡蔣生於四明山傭作甚怠時蒙笞罵蔣生學鍊丹每葺爐鼎爨薪鼓鞴積十年而不成一日全素指石硯而詣蔣生曰先生好仙術亦能化此硯爲金乎蔣生慚而復罵之曰汝傭安知餘事全素曰某或能之蔣生叱其誕妄而退明日蔣生出外歸則全素已卒蔣生掩其屍於簣爲之具棺及發簣屍失所在已視其石硯化爲黃金光彩爛然蔣生始懊恨竟死於四明山中太平廣記

俞叟隱居四明山從道士學却老之術後至荆州晦迹爲市門監時王潛節度荆南有呂生以故人子索遊

潛不爲禮俞叟閔其饑寒延至舍中摧檐壞垣爲呂具脫粟飯夜既深取一缶覆地少頃發視見一人長五寸許紫衣金帶俞叟曰此王公之䰟也旋責其薄待呂生失親親之道紫衣拱而受命俞叟曰呂生所需僕馬之外縑二百匹而已紫衣諾之復覆缶少頃發則無見矣明旦潛即召呂生所資一如其數太平廣記

許碏自稱高陽人少爲進士累舉不第晚學道於王屋山周遊五岳名山洞府後從峨嵋抵江淮茅山天台四明仙都委羽武夷霍桐羅浮無不徧歷所到皆於懸崖峭壁人不及處題云許碏自峨嵋尋偃月子到

此筆勢奇縱觀者莫不嘆其神異竟莫詳偃月子爲何人也四明山志

徐仙姑者隋僕射徐之才女也已數百歲狀貌如二十四五善禁咒之術獨遊海內三江五岳天台四明羅浮括蒼名山勝賞無不周徧多宿巖麓林窟之中有豪僧數輩侮之忽僵立尸坐若被拘縛姑去數里僧方如故四明山志

呂處仁字次姚嘉定間隱居四明山有異術齋醮多靈驗賜號演教眞人卒時投劍於後橫潭篙工漁子夜經其處常見劍浮水上四明山志